新形式対応

TOEIC® TEST
単語 特急
新形式対策

森田鉄也

TOEIC is a registered trademark of Educational Testing Service (ETS).
This publication is not endorsed or approved by ETS.

朝日新聞出版

※本書は、2009年10月30日発行の『1駅1題 新 TOEIC® TEST 単語特急』を2016年5月に改定された新形式テストに合わせて、大幅に改訂したものです。

編集協力 ── Daniel Warrier
　　　　　　Laura Bovee
　　　　　　秋庭 千恵
　　　　　　渡邉 真理子

録音協力 ── 英語教育協議会 (ELEC)
　　　　　　東 健一
　　　　　　Howard Colefield 🇺🇸
　　　　　　Nadia McKechnie 🇬🇧

はじめに──どうしてこの本を使ってほしいのか？

　最初に言っておきますが、僕は小中高と普通の公立校出身です。御三家なんて言葉も知らなければ中学受験などというものがあることすら知りませんでした。普通の公立学校で普通の学力でした。親戚の中に医者も弁護士も大学教授も難関大学出身者もいません。そんな僕が慶應、東大と進み、TOEICでも満点を取れました。

　私費でアメリカに留学もしました。僕の家はお金持ちでもありませんでしたから、留学資金を作るためにしたバイトの数は半端じゃありませんでした。1年間で300万円貯めるために、週7日、毎日5時間寝る時間を確保し、朝も昼も夜もない、働きづめの生活をしました。このころは毎日金縛りにあいました (体が疲れているとなるそうです)。最高でバイトを5つ掛け持ちしたことがあります。必死な感じがお客様にも伝わったからなのか、某大手電器店では売り上げトップの販売員になったこともあります。

　そんなにがんばることができたのは、予備校に通っていた時に、「カリスマ予備校講師になる」という目標を立てたからです。

　当時習っていた予備校の先生が東大出身だったため、カリスマ予備校講師になるために「東大に行こう」と決めました。当時、志望校にしていた慶應大学もE判定D判定でしたので、まわりは無理だと思っていたでしょう。けれど、当時の僕は

本気でした。そして、一度目標を決めてからは、そのための手段をとことん考え、それを徹底的にやり抜きました。

とはいえ、ただの冴えない高校生がやみくもに努力しても結果は出ません。同じくらい低い成績から合格した人たちの勉強方法を徹底的に調べ上げ、一番効率のよい方法を探って、一切のムダを省いた方法で勉強を始め、慶應大学に入り、東大の大学院に入りました。そして現在では、東進ハイスクール、河合塾の講師となり、夢を叶えることができました。

こんなことを TOEIC 対策本のはじめにご紹介してしまったのは、いくらスコアが低くても、正しい方法で勉強をすれば、誰にでもスコアは上げられることを感じてもらいたかったからです。

ぼくは、生徒さん達のスコアを上げるための情報を仕入れるべく、満点をとってからも毎回 TOEIC を受け続け、精緻に分析してきました。

本書は、そこから導いた結論とノウハウを具現化した対策本です。

ある程度のスコアを狙うとき一番重要なのは、TOEIC の頻出語彙を押さえることです。

TOEIC の問題に登場する単語は、繰り返し使われることがわかっています。そして、リスニング問題であれ、リーディング問題であれ、読んだことがある単語、聴いたことがある単語が多ければ多いほど、より速く、より正確に正解を出す

ことができるのは当然です。

本書では、「正解」はもちろん「選択肢」に至るまで、TOEICでよくキーワードとなっている単語をパズルピースのようにはめ込みました。1冊全体を通してTOEIC語彙攻略という1つのテーマに向かって構成してあります。

皆さんは、「TOEICのスコアを上げる」という目標をお持ちだと思います。そして、本書を手にした時点で、「スコアを上げるための手段」も整ったことになります。

目標と手段がそろったら、あとはトコトンやるだけだと思います。今回の改訂に伴い、最近出てくるようになった表現をたくさんつめこみました。新形式TOEICにも必ず役立つはずです。

ことTOEICの分析と対策についてだけは、この本を信じて、だまされたと思ってやってみてください。次にご紹介するトレーニング方法に則って、繰り返しトレーニングすれば、必ず結果が出ます。

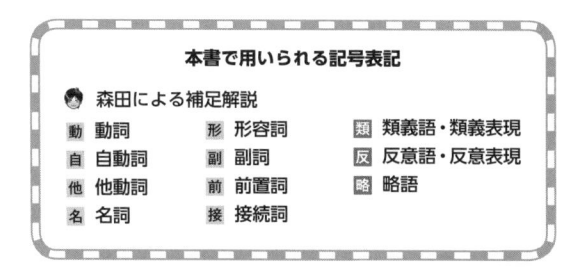

本書で用いられる記号表記

😊 森田による補足解説

動 動詞	形 形容詞	類 類義語・類義表現
自 自動詞	副 副詞	反 反意語・反意表現
他 他動詞	前 前置詞	略 略語
名 名詞	接 接続詞	

※本書は、2009年10月30日発行の『1駅1題 新TOEIC® TEST 単語特急』を、2016年5月に改定された新形式テストに合わせて、大幅に改訂したものです。

もくじ

はじめに──どうしてこの本を使ってほしいのか？ ……… 003

第0章 トレーニング・プログラム ……… 007

第1章 Part 5の語彙学習の方針を
知るための8題 ……… 011

第2章 頻出動詞問題 18 ……… 029

第3章 頻出名詞問題 12 ……… 067

第4章 頻出形容詞問題 17 ……… 093

第5章 頻出副詞問題 17 ……… 129

第6章 前置詞・接続詞問題 8 ……… 165

第7章 実力アップ問題 10 ……… 183

第8章 挑戦！ 超ハイスコアレベル問題 10 ……… 207

Index ……… 229

Training Program!

第0章
トレーニング・プログラム

超スコアUPという充実のゴールを迎えるために

「スコアアップにつながる単語力」とは何かを確認する

まずはスコアに直結する単語力をつけるためのポイントを押さえましょう。第1章の問題を解いていけば、それが確認できるようになっています。そのポイントを実感してからはじめてください。

実践トレーニング

① 時間を測って問題を解く

本書は、Part 5形式の問題を解きながら単語力をつける方法をとっています。

その際、ただ漫然と問題をこなすだけではいけません。TOEICでPart 5の問題にかけられる時間は、1問あたり平均20秒です。

それぞれの問題の解答目標タイム内に解けるよう、時間を意識して取り組んでください。

ストップウォッチや置き時計がない状況でしたら、腕時計でもけっこうです。時間を測って、速さを追求することが必要です。

TOEIC本番の際に要求されるスピードとリズムが養成されます。

また、単語を覚える観点からも、ある程度の緊張感を持った状態で解いた方が、記憶に残りやすくなります。

たとえば、3日前の夕食に何を食べたか、思い出してみてください。もし、いつもの夕食だったならば、何を食べたかまでは思い出しづらいかもしれません。でも、もし誰かと外食をしていた人なら、何を食べたか思い出しやすいはずです。楽しかったり、少し緊張していたりすると、記憶に残りやすいのです。

学習をする際にも、その記憶の性質を利用し、「目標時間以内にやる」という外圧をかけ、緊張感を持って取り組んでください。

2 解説を読む

「どうしてその答えに結びつくのか、どこに目をつければ正答にたどり着くのか」、その道筋を確認してください。

論理的に理解すると、覚えた知識同士が有機的に結びついていきます。それらが使えるスキルになっていくのです。

記憶定着トレーニング

1 グルグル勉強法を取り入れよう

重要語句、選択肢にはチェック項目がついています。

まず、自分の知らない語句、覚えていない単語をはっきりさせましょう。覚えた単語にはチェックを入れて、最終的にこの本のチェック項目がすべて黒くなるまで続けてください。

そして、復習する際は、覚えていない単語のみに集中してください。

完全に覚えた単語に時間をかける必要はありません。復習すればするほど、覚えていない単語が減っていき、復習時間も短縮されます。時間を短縮できた上に、自分の弱点の補強をできるのですから、これほど効率のいい勉強方法はありません。覚えていないものだけを効率よく記憶する**グルグル勉強法**（弁護士でTOEIC満点保持者の中川徹氏が命名）といわれる勉強法です。一度この本をやると決めたら他の本に浮気せずに、本が真っ黒になるまで使ってください。

> ※各問題の下欄に、グルグル復習をやって日付を記入する欄があります。5周目までの欄を用意していますが、5周はあくまで目安です。5周してもあやふやな単語があったら、余白に日付を記入して覚えきるまでやってみてください。結果は必ずついてきます。

② 五感を活用して覚えよう

耳で覚えることもとても重要です。

朝日新聞出版HP (**http://publications.asahi.com/toeic/**)から、無料音声ファイルをダウンロードして活用してください。

何度も繰り返し聴くことによって、覚えたての単語が、短期記憶から長期記憶に移行していきます。一度長期記憶にインプットされれば、掛け算九九のように、忘れない記憶となります。

単語を覚えるときに何度も意味が分かるかテストをしたり、声に出したり、書いたりしたりしている人は多いですよね。これはもちろんいいことです。

これに加えて耳も使って、「何度も聴く」ということが最近は手軽にできるようになりました。ぜひ、MP3プレーヤーなどを使って、通勤・通学時間なども有効に活用してください。五感をフル活用する学習が一番有効な手段です。

③ 点から線へ

最後に記憶力を高めるものとして、カテゴリー化という作業があります。簡単にいえばグループ分類して記憶することです。単語とその意味を覚えた後、つまり、単語という1つの点を作った後に「類義語・反意語・同じ接辞を持つ語・語形の違うもの」といった別の点とつなげることによって点が線になり、頭の中で知識の体系化がなされます。本書ではWord Networkと題し、解説ページにまとめてあります。

ここまでくれば、身につけた単語は単なる知識ではなく、自由自在に使いこなせるスキルに変化させることができるのです。

Pinpoint!

第1章
Part 5の語彙学習の
方針を知るための8題

🔊 1-1 〜 1-8

典型パターンを
押さえておこう！

どくなってしまいますが、学習をはじめる前に注意していただきたい点があります。
どこを意識して取り組めば、ムダのない、**直接スコアにつながる学習**になるか、ポイントを知っていただきたいということです。

筋トレでも、そのトレーニングが腹筋に効くのか、上腕二頭筋（じょうわんにとうきん）に効くのか、成果を上げたい部分を意識してやるのと、ただ漫然とやるのとでは、筋肉の成長にもはっきり差が出るといいます。

せっかく TOEIC の対策学習をするなら、**明確にスコアアップを意識するのです。**

具体的にはどうすればよいのでしょうか？
本書の目的は、TOEIC の語彙をマスターすることです。

そして、ひと口に「単語力」といっても 2 通りの単語力があります。

ひとつは、「**ただの単語力**」。
もうひとつは、「**スコアアップにつながる単語力**」です。

「ただの単語力」では宝の持ち腐れ、雑学と同じです。
皆さんがすでに持っている単語の知識を「スコアアップにつながる単語力」に変換するために、本書をお使いください。
本書では、冒頭から「スコアアップにつながる単語力」を意識してもらうために、まずチェックポイントの例題を解いてもらいます。

　　　　　　　　　　　　　　　さあ、はじめましょう‼

第1章 スコアアップにつながる単語力　013

⏰ 解答目標タイム **15秒**

1. ------- of the employees planning to attend the seminar have to apply for it no later than April 10.

(A) Each
(B) Every
(C) All
(D) Another

- **employee** 名「社員・被雇用者」に関する頻出語　反 employer 雇用者
  💡 -eeはされる人、-erはする人を表します。
    trainer　指導者　　　trainee　研修生
    interviewer　面接官　interviewee　面接を受ける人
- **plan to do** 〜する計画をたてる　類 plan on doing
- **attend** 動 〜に出席する
- **seminar** 名 セミナー、研修会
- **have to do** 〜しなければならない
- **apply for A** Aに申し込む
- **no later than A** Aまでに　類 by A

1. (C) All

1. 選択肢には数量詞が並んでいます。
2. 空欄の後ろには of the employees があります。
3. every は形容詞で使い、名詞の用法はないのでここには置けません。文全体の動詞は have なので空欄には複数名詞として使うことのできる All が入ります。each は、名詞の場合は単数扱いなので have ではなく has にならなければなりません。

   形容詞の場合 every と同じく後ろに単数名詞をとります。また another も後ろに単数名詞をとります。

   every/each employee「全社員」
   another employee「他の社員」

   ただし、これらが時間表現と一緒に出てくる場合は注意が必要です。

   another 10 minutes / 2 days「あと10分・あと2日」のように時間がくる場合は後に複数形の s がついた名詞を置くことができます。また every 10 minutes「10分おきに」のように every も後ろに複数形の時間表現を置くことができます。

訳▶ セミナーに出席しようと思っている社員は皆、4月10日までに登録をしなければならない。

Word Network

A **each** 名 それぞれ・各々 形 それぞれの
Each of the employees is happy about the policy.
「全社員がその方針に満足している」
● each は単数扱いなので、動詞は is になります。

B **every** 形 それぞれの
● 数や量を表す言葉は名詞としても使えることが多いですが、every は名詞になれないので要注意です。

C **all** 名 すべての人・すべてのもの 形 すべての

D **another** 形 他の・別の 名 もう1つ・もう一人

| 1 | 月 | 日 | 2 | 月 | 日 | 3 | 月 | 日 | 4 | 月 | 日 | 5 | 月 | 日 |

第1章 スコアアップにつながる単語力　015

⏰ 解答目標タイム **10秒**

2. According to yesterday's news report, the Asian economy is going to ------- soon.

(A) replace
(B) recover
(C) reduce
(D) receive

□ **according to A**　Aによると
□ **news report**　ニュース報道・記事
　report　名 報告（書）　動 報告する
□ **economy**　名 経済
😈 **狙われる盲点**
　report to A「Aに報告する」という意味は有名ですが、TOEICでは次の2つの意味でも問われます。
　　Aに直属する ⇒ Sherry reports directly to Mr. Okada.
　　　　　　　　　「シェリーはオカダ氏の直属の部下です」
　　Aに出向く　 ⇒ report to the headquarters「本社に出向く」
　🔴 show up「現れる」が言い換えになったこともあります。
□ **be going to do**　〜しようとしている・〜するつもりだ
□ **soon**　副 すぐに

2. (B) recover

1. 選択肢には re- からはじまる動詞が並んでいます。
2. 空欄の後ろには soon「すぐに」という副詞があるだけなので、後ろに名詞をとらなければならない他動詞はここには置けません。
3. replace「〜を交換する」、reduce「〜を減らす」、receive「〜を受けとる」は通常他動詞です。それに対し、recover は「回復する」という自動詞で使うことができます。

訳▶ 昨日のニュース報道によると、アジア経済はすぐに回復する見込みだそうだ。

Word Network

A **replace** 動 〜を交換する
   replace A with B AとBを交換する　類 exchange A for B
   - re-は「また」、placeは「置く」という意味なので「置き換える」ということです。

B **recover** 動 回復する・〜を取り戻す
   recovery 名 回復
   - re-は「また」、coverは「カバーする」なので「けがした部分を皮膚がまた覆う」というのが語源です。
   ⇒ まとめて覚えたい重要語
   discover 動 〜を発見する　discovery 名 発見
   uncover 動 〜を明らかにする　類 reveal, unveil

C **reduce** 動 〜を減らす　類 lessen, lower
   reduction 名 削減

D **receive** 動 〜を受けとる
   receiver 名 受話器
   recipient 名 受取人
   reception 名 受付・歓迎会・電波の受信状況
   receptionist 名 受付係
   - -ceive、-ceptは「受けとる」ことを意味します。

第1章 スコアアップにつながる単語力　017

解答目標タイム 15秒

3. Several of the section managers urged their workers to ------- participating in this week's training session.

(A) demand
(B) consider
(C) complain
(D) request

□ **section manager** 課長
□ **urge A to do** Aに〜するよう促す
□ **participate in A** Aに参加する　類 take part in A
□ **training session** トレーニングセッション・講習会

狙われる盲点

several は several customers「数名の客」のように形容詞で使うのが有名ですが、名詞として出題されたこともあります。
several of the customers 「客のうちの何人か」

3. (B) consider

1. 選択肢には動詞が並んでいます。
2. 空欄の後ろには participating という -ing 形の動詞があります。
3. 選択肢のなかで -ing 形（動名詞）を後ろにとるのは (B) の consider「〜を考慮する」のみです。

「動詞が後ろにどんな形をとるか」というのは単語学習において非常に重要です。

訳 ▶ 何人かの課長たちは、部下たちに今週の講習会への参加を考慮するよう促した。

Word Network

A **demand** 動 〜を要求する 名 需要
  demand that S (should) V (原形) SがVすることを要求する
  demanding 形 要求が多い・厳しい
  demanding job 厳しい仕事
  Our boss is very demanding.「私たちの上司はとても厳しい」
  🔹 人にもモノゴトにも使える形容詞です。

B **consider** 動 〜を考慮する
  consider A (as) B / consider A (to be) B AをBだと思う
    類 regard A as B, think of A as B, view A as B, see A as B
    類 think A (to be) B, believe A (to be) B

C **complain** 動 不満を言う
  complain to 人 of (/about) A 人にAについての不満を言う
  complaint 名 不満・苦情
  🔹 通常数えられる名詞ですが、「不満を言うこと」の意味では不可算名詞になります。

D **request** 動 〜を要求する 類 require 名 要求
  🔹 やさしい類義語は ask、やや堅い表現の類義語なら solicit「〜を請い求める」を押さえておきましょう。
  request A to do Aに〜することを要求する
  request that S (should) V (原形) SがVすることを要求する

❶ 月 日 ❷ 月 日 ❸ 月 日 ❹ 月 日 ❺ 月 日

第1章 スコアアップにつながる単語力　019

⏰ 解答目標タイム 10秒

4. Please become a member of the Keystone Art Gallery by ------- for a membership on our Web site.

(A) registering
(B) attending
(C) assigning
(D) relying

□ **member** 名 会員
□ **by doing** 〜することによって
□ **membership** 名 会員 (であること)

4. (A) registering

1. 選択肢には動詞の -ing 形が並んでいます。
2. 空欄の後ろを見ると for からはじまる前置詞句が来ています。
3. for を後ろにとって自動詞で使われるのは register for A「A に登録する」の形をとることのできる register です。

選択肢が動詞で、空欄の後に前置詞がある場合、その前置詞をヒントに自動詞を探します。

訳▶ ウェブサイトから会員登録をして、キーストーン・アートギャラリーの会員になってください。

Word Network

A **register** 動 登録する 類 sign up
   registration 名 登録
   🌀 registration card「登録証」、registration form「登録用紙」のように、〈名詞＋名詞〉の形でよく使われます。

B **attend** 動 ～に出席する
   attendance 名 出席者数・出席
   attendee 名 出席者 類 participant
   attend to A Aに注意を払う・Aの世話をする
   attention 名 注意・注目
   attendant 名 添乗員
   🌀 このように動詞の意味と名詞を関連づけると覚えやすいです。

C **assign** 動 ～を割り当てる 類 allocate, appoint, delegate
   assign A to B AをBに割り振る 類 allocate A to B
   assignment 名 課題・宿題
   🌀 会社や学校で割り当てられた仕事を assignment といいます。

D **rely** 動 頼る
   rely on A Aに頼る 類 depend on A, rest on A, count on A
   reliable 形 頼りになる・信頼できる 類 dependable
   reliant 形 頼っている 類 dependent
   reliance 名 信頼・依存 類 trust, dependence

1 月 日 **2** 月 日 **3** 月 日 **4** 月 日 **5** 月 日

解答目標タイム 20 秒

5. As of February 1, regular attendance and active ------- at the weekly staff meeting will be required of all supervisors.

(A) absence
(B) participation
(C) acquisition
(D) joint

□ **regular** 形 いつもの・常連の
　regularly 副 定期的に
□ **attendance** 名 出席・出席者数
□ **active** 形 活動的な・積極的な
　actively 副 積極的に
　activate 動 〜を活性化する・起動する
□ **require** 動 〜を求める

😈 狙われる as〜
□ **as of A** A現在・A以降は
　As of June 3rd, my order has not arrived.
　「6月3日現在、私の注文した品物はまだ届いていません」
　as well 〜もまた
😈 not only A but B as well 「AだけでなくBも」という形も出題されました。
　類 not only A but also B
　as for A Aに関しては

5. (B) participation

1. 選択肢には名詞が並んでいます。
2. 文意をとると、会社の「週決めの会議に定期的に出席することと積極的な〜が求められている」とあります。「出席すること」と同列に並べられるのは participation「参加」です。会議に出席して積極的に発言することが求められる、ということです。

訳▶ 2月1日から、管理職は全員週決めの会議に定期的に出席し、積極的に参加することが求められる。

Word Network

A **absence** 名 欠席・不在 反 presence
 欠如 類 lack
 absence of A Aの欠如 類 lack of A
 absent 形 欠席して・不在して 反 present
 absentee 名 欠席者 反 attendee

B **participation** 名 参加
 participant 名 参加者
 participate in A Aに参加する
  類 take part in A, join (in) A, attend A
 🌏 take part も participate もあるグループの part「一部」になることです。

C **acquisition** 名 買収
 acquire 動 〜を手に入れる・〜を買収する 類 get, obtain, gain
 🌏 ac- は前置詞 to の意味をもっていて、-quire は「求める」という意味です。つまり「求めたものに到達する」➡「手に入れる」というのが語源です。

D **joint** 名 結合
 joint venture 合弁事業
 join 動 〜に加わる・〜をつなぐ
 🌏 後ろに組織や人が来る場合は他動詞で使い、楽しむための活動が来る場合は join in の形で自動詞として使います。

1 月 日 **2** 月 日 **3** 月 日 **4** 月 日 **5** 月 日

解答目標タイム 15 秒

6. Although their schedule is tight, the florists are doing everything they can to meet the -------.

(A) intention
(B) tenure
(C) deadline
(D) capacity

□ **tight** 形 引き締まった・スケジュールが詰まった
　😊 英語ではハードスケジュールではなく tight schedule といいます。
□ **florist** 名 花屋（の店員）
　😊 flowerとスペルが似ているので覚えやすいです。

6. (C) deadline

1. 選択肢には名詞が並んでいます。
2. 空欄の前を見ると meet という動詞があります。
3. meet が目的語にとれるのは deadline「締め切り」です。meet a deadline で「締め切りに間に合う」という意味になります。

訳▶ スケジュールは厳しいが、花屋の店員たちは締め切りに間に合わせるためできることをすべて行っている。

Word Network

A **intention** 名 意図
　intend to do 〜するつもりだ
　be intended for A A (人) に向けられている

B **tenure** 名 在職期間・(大学教員の) 終身在職権
　💡 ten- は「持つ」を表す接辞です。tenacious「しっかりとつかんでいる・不屈とした・固守する」という単語の中にも入っています。

C **deadline** 名 締め切り
　dead 形 死んでいる
　meet a deadline 締め切りに間に合う
　miss a deadline 締め切りに遅れる
　💡 何かを満たすという意味の meet (類 fulfill, satisfy, live up to) は頻出です。
　　meet requirements 要求を満たす
　　meet needs ニーズを満たす
　　meet demands 要求を満たす
　　meet standards 基準を満たす
　　meet expectations 期待に応える

D **capacity** 名 容量　類 volume
　　　　　　　　能力　類 ability
　capacity for doing / to do 〜する能力
　💡「定員」の意味もあります。最近は日本語でも「キャパ」と言いますね。
　capacious 形 広々とした　類 spacious, roomy

1 月 日　2 月 日　3 月 日　4 月 日　5 月 日

第1章 スコアアップにつながる単語力　025

⏰ 解答目標タイム **10**秒

7. The new sales team has performed far
------- the expectations of management.

(A) out of
(B) owing to
(C) without
(D) beyond

```
□ perform   動 (仕事などを) 行う・果たす・〜を実行する・上演する
□ far       副 ずっと
□ expectation  名 期待
□ management   名 経営陣・経営
```

7. (D) beyond

1. 選択肢には前置詞が並んでいます。
2. 空欄の前には performed という動詞と far という副詞、後ろには the expectations「期待」という名詞があります。よって、ここに beyond「～をこえて」を入れれば、far beyond the expectations「期待をこえて」performed「仕事をした」となり、文法上も意味上も適切な形が出来上がります。この far は副詞で「ずっと」という意味になります。far beyond という形はよく使われる表現です。

前置詞は相性のいい語句と一緒に覚えていくことが大切です。

訳▶ 新しい販売チームは経営陣の期待を大きくこえる仕事をした。

Word Network

A **out of** ～の外へ／に・～から
  get out of a car/vehicle 車から降りる
  out of order 故障して
  out of control 手に負えない
  out of date 時代遅れの 反 up to date 最新の
  out of the question 許されていない・不可能だ
  out of curiosity 好奇心から
  ●「～の外」という意味だけでなく「～から(が原因で)」という意味もあることに注意。

B **owing to** ～が原因で 類 due to, because of, on account of

C **without** 前 ～なしに
  without (a) doubt 疑いなく
  without exception 例外なしに

D **beyond** 前 ～をこえて
  go beyond expectations 期待を超える 類 exceed expectations
  beyond repair 修理できない

1 月 日　2 月 日　3 月 日　4 月 日　5 月 日

⏰ 解答目標タイム **15秒**

8. According to Maztap Limited's financial report, the company's online sales have ------- increased over the past six years.

(A) enthusiastically
(B) consistently
(C) commonly
(D) discreetly

□ **according to A** Aによると
□ **Limited** 〜社
　🙂 主にイギリスでよく使われ、Ltd.と略すことも多いです。アメリカでは Inc. (=Incorporated) の方がよく使われます。
□ **financial report** 会計報告書
□ **over/for/during the past/last A** ここA間
　🙂 Aには時間表現が来て、現在完了形や、現在完了進行形とよく用いられます。

8. (B) consistently

1. 選択肢には -ly で終わる副詞が並んでいます。
2. 空欄の前後には have increased という現在完了形、文末には over the past six years「ここ6年間」という期間を表す表現があります。increase と相性がよく「6年間」という期間と共に使えるのは consistently「一貫して」だけです。

訳 ▶ マズタップ社の財政報告書によると、会社のオンラインでの売り上げはここ6年間一貫して伸びている

Word Network

A **enthusiastically** 副 熱心に・熱狂的に 類 excitedly
　enthusiastic 形 熱狂的な 類 excited
　　　　　　　熱心な 類 avid, eager, ardent
　😀 類語の avid も覚えておきたい単語です。
　enthusiasm 名 熱意・やる気

B **consistently** 副 一貫して 類 coherently
　　　　　　　いつも 類 always
　consistent 形 一貫した 類 coherent
　be consistent with A A と一致する・A と矛盾しない
　inconsistent 形 一貫性のない・矛盾した
　consistency 名 一貫性
　consist of A A で成り立っている
　　類 be composed of A, be comprised of A
　😀 consist は自動詞、compose、comprise は他動詞です。

C **commonly** 副 一般に・通例
　common 形 共通の・普通の 類 usual, ordinary, normal, average
　have A in common A を共有している

D **discreetly** 副 控えめに・慎重に 類 carefully, cautiously
　discreet 形 控えめな・慎重な 類 careful, cautious
　　　　　　　　　　　　　　　　反 indiscreet 軽率な

Verbs!

第2章
頻出動詞問題 18

🔊 2-1 〜 2-18

動詞の
コロケーションを
見過ごさない!

頻出動詞問題、18問です。

18問 × 20秒 = 360秒 (6分)

以内で解きましょう。

中・上級者は、「解答目標タイム」の
合計300秒 (5分) 以内

を目指してください。

第 2 章 頻出動詞問題　031

⏰ 解答目標タイム 15 秒

1. Candidates who applied for the editor position were ------- to submit a portfolio and at least three references along with their résumé.

(A) decided
(B) deserted
(C) expected
(D) exceeded

- **candidate** 名 候補者・応募者　類 applicant
  - 💡 candidacy「立候補・応募」も出題されたことがあります。
- **editor** 名 編集者
- **position** 名 役職
- **submit** 動 〜を提出する
- **portfolio** 名 ポートフォリオ
  - 💡 画家、写真家、デザイナーなどの作品集のことで、最近TOEICによく出てきます。
- **at least** 少なくとも
- **reference** 名 推薦状　類 recommendation
- **along with A** Aと一緒に
- **résumé** 名 履歴書

1. (C) expected

1. 選択肢には動詞の過去形または過去分詞が並んでいます。
2. 文全体の主語には candidates「候補者」、空欄の直前には be 動詞、後ろには to 不定詞が来ています。このことから、〈人 be expected to do〉「人が〜するように期待される/求められる」という TOEIC 頻出表現が正解だとわかります。

能動態の〈expect 人 to do〉「人に〜することを期待する」も頻出表現ですので覚えておきましょう。

訳▶ 編集者の職に応募した人は、ポートフォリオと少なくとも3通の推薦状を履歴書と共に提出することを求められていた。

Word Network

A **decide** 動 決める
  decide to do 〜することを決める
    類 determine to do, be determined to do 〜することを決心する
  decide on A Aに決める 類 choose A

B **desert** 動 〜を見捨てる（-ertにアクセント） 類 abandon
  名 砂漠（des-にアクセント）
  🌀 Part 1 で人が誰も写っていない写真で、be deserted「人けのない」という意味で、正解として使われることがあります。
  The park is deserted.「公園には人が誰もいない」

C **expect** 動 〜を期待する
  expectation 名 期待
  🌀 ex-「外を」-spect「見る」➡「外を見て待つ」というのが語源です。

D **exceed** 動 〜を超える
  excessive 形 過度の
  🌀 exceed と似ている重要語に excel があります。
  excel 動 勝る・秀でる
  excel at/in 〜がとても上手だ
  excellent 形 すばらしい
  excellence 名 優秀さ・卓越

解答目標タイム 15 秒

2. Pomona Markets ------- customers that all of its products are competitively priced.

(A) requires
(B) inquires
(C) assures
(D) endures

□ **competitively priced** （他社に負けないくらい）低価格の
類 affordably priced, reasonably priced
😊 他社と競争できる値段をつけられた、つまり「安い」ということです。
competitive 形 競争力のある
price 動 ～に値段をつける 名 値段
pricey 形 高価な 類 expensive
　　　　　　　　反 inexpensive, reasonable, cheap 安価な
priceless 貴重な 類 valuable, precious
😊 pricelessは「値段がない」という意味ではなく「値段がつけられないほど貴重な」という意味です。

2. (C) assures

1. 選択肢には動詞の三人称単数形が並んでいます。
2. 空欄の後を見ると、customers という「人」が目的語にあり、さらに that 節が続いています。
   inquire「尋ねる」は人を目的語にとれません。また require「〜を要求する」、endure「〜に耐える」は、後ろに〈人 + that 節〉と目的語を2つとることはできません。
   よって、この形を唯一とる〈assure 人 that SV〉「人に〜を確信させる」が正解になります。

訳▶ ポモナ・マーケッツは顧客に、すべての商品が他店に負けない低価格であることを保証している。

Word Network

A **require** 動 〜を要求する　類 demand, request
　　　　　〜が伴う・結果〜になる　類 entail, lead to, result in
　requirement 名 必要条件
　required 形 必須の　類 obligatory, compulsory, mandatory
　request 名 要求　動 〜を要求する

B **inquire** 動 尋ねる
　inquire about A Aについて尋ねる　**inquire of 人** 人に尋ねる
　I inquired of a police officer about the directions.
　「私は警察官に道を尋ねた」

C **assure** 動 〜を確信させる　類 guarantee 〜を保証する
　assure 人 (of) A 人にAを確信させる・Aを保証する
　assurance 名 確実さ　**insurance** 名 保険
　🔹 ensure「〜を確かなものにする」にも sure「確信している」が入っています。

D **endure** 動 〜に耐える　類 put up with, bear, stand, tolerate
　endurance 名 耐久性
　🔹 dure は「続くこと」を意味します。アメリカの乾電池メーカーに Duracell「デュラセル」というのがありますが、これは、長持ちするというニュアンスがこもった名前です。cell は電池のことです。

第2章 頻出動詞問題　035

⏰ 解答目標タイム 15 秒

3. Jim Cornell received an excellent evaluation from his manager because he was ------- to raising funds.

(A) committed
(B) authorized
(C) commended
(D) declared

□ **evaluation** 名 評価
　evaluate 動 ～を評価する　類 assess
□ **raise funds** 資金を集める
　fund-raiser 名 募金イベント・資金集めをする人
　fund-raising 形 資金集めの　名 資金集め
　fund 名 資金
　found 動 ～を設立する　類 establish
　😊 found は過去形、過去分詞の活用は found–founded–founded になります。find「～を見つける」は find–found–found となるので混同しないように注意しましょう。
　founder 名 創設者
　foundation 名 土台・創設
　😊 化粧品のファンデーションは化粧の前に土台を作るものですよね。

3. (A) committed

1. 選択肢には動詞の過去形または過去分詞が並んでいます。直前には was という動詞があるので、〈be 動詞+過去分詞〉の受け身の文だとわかります。

2. 後ろには〈to+doing〉という前置詞+動名詞の形が来ています。後ろにこの形をとることができる動詞は be committed to doing「〜することに熱心である・専心する」という形を持つ committed です。commend「〜を褒める・表彰する」は、後ろに for をとるのでここには置けません。
この問題は動詞の意味ではなく、動詞の使い方（語法）をきちんと知っていたかどうかがカギになります。

訳 ▶ ジム・コーネルは、資金集めに献身したことにより、マネジャーから高い評価を受けた。

Word Network

A **commit** 動 〜に捧げる・〜に委託する・(罪)を犯す・誓約する
 commit a crime 罪を犯す
 committee 名 委員会　**commitment** 名 献身・誓約
 commission 名 委員会・委託手数料
 🌀 com-「すべてを」-mit「送る」➡「すべてを委託する・そそぐ」というのが語源です。

B **authorize** 動 〜に権限を与える
 authorize A to do Aに〜する権限を与える
 authorization 名 権限・許可　類 permission
 authority 名 権威　**author** 名 著者

C **commend** 動 〜を褒める
 commend A for B AをBのことで褒める・表彰する
 　　類 praise A for B
 commendation 名 称賛・推薦

D **declare** 動 〜を宣言する
 declaration 名 宣言・申告

解答目標タイム 20 秒

4. Electra-Mart will ------- respondents to the questionnaire a twenty-five dollar voucher redeemable at its stores.

(A) offer
(B) concentrate
(C) waive
(D) train

- **respondent** 名 回答者
  respond to A Aに応える
- **questionnaire** 名 アンケート
  🌸 question「質問」がスペルの中に隠れているので覚えやすいですね。
  類 survey 名 調査 survey form アンケート用紙
- **voucher** 名 クーポン券 類 coupon
- **redeemable** 形 交換できる
  🌸 ここでは、クーポンがお店でお金として使える (25ドルという金額と同じ価値に交換できる) という意味です。

4. (A) offer

1. 選択肢には動詞の原形が並んでいます。

2. 空欄には respondents to the questionnaire「アンケートの回答者」と a twenty-five dollar voucher「25ドルのクーポン」という、名詞のかたまりを2つとれる動詞が必要です。この形をとれるのは選択肢の中で offer A B「AにBを提供する」だけです。

● 動詞が後ろに2つの目的語ABをとる場合は、基本的に「AにBを与える」という意味になります。

give 与える　tell 伝える　sell 売る　lend 貸す
loan 貸す　find 見つけてあげる　buy 買ってあげる
make 作ってあげる

訳▶ エレクトラ・マートはアンケートの回答者にお店で交換できる25ドルのクーポンを提供している。

Word Network

A **offer** 動 〜を提供する　類 provide　名 提案・申し出
● of-「〜に」-fer「運ぶ」というのが語源です。

B **concentrate** 動 集中する
concentrate on A Aに集中する
● concentrate の centr- の部分は center「中心」のことです。
concentration 名 集中

C **waive** 動 〜を免除する・〜の権利を放棄する
● TOEICでは、waive a delivery fee「送料を免除する」といった何かしら「お金を支払わなくてもいい」という文脈でよく登場します。
waiver 名 権利放棄・権利放棄証書
● バンジージャンプやスカイダイビングなど危険なことを行う時に、「けがをしても文句を言いません」という内容のwaiver「文句を言う権利を放棄する誓約書」にサインをすることがよくあります。

D **train** 動 〜を訓練する
training 名 訓練
trainer 名 訓練をする人　**trainee** 名 訓練を受ける人

❶ 月　日　❷ 月　日　❸ 月　日　❹ 月　日　❺ 月　日

解答目標タイム 15 秒

5. Cangrella Foods is making every possible effort to ------- the cause of the problem affecting its production line equipment.

(A) designate
(B) facilitate
(C) identify
(D) adjust

□ **make an effort to do** 〜しようと努力する
□ **every possible** 可能な限りすべての
□ **cause** 名 原因　動 〜を引き起こす
□ **affect** 動 〜に影響を与える
□ **production line** 生産ライン　類 assembly line
□ **equipment** 名 装置・設備

5. (C) identify

1. 選択肢には動詞が並んでいます。
2. 空欄の後ろには the cause「原因」という名詞が来ています。この名詞と相性がいいのは選択肢の中で identify「〜を特定する」だけです。

訳▶ キャングレラ・フーズは生産ラインの装置に影響している問題の原因を特定するできる限りの努力をしている。

Word Network

A **designate** 動 〜を指定する・〜を明示する
  designation 名 指定・指示
  designated 形 指定された designated area 指定区域
  😊 sign「印をつける」⇒「明示する」というのが語源です。

B **facilitate** 動 〜を促進する・〜を容易にする
  facilitation 名 容易にすること
  facilitator 名 容易にするもの (人)・促進するもの (人)
  😊 フランス語にもある facile「簡単な」が単語の中に入っています。

C **identify** 動 〜を特定する・〜を確認する
  identify A as B AをBとみなす
    類 regard A as B, look on A as B, think of A as B, see A as B, view A as B
  identify A with B AをBと同一視する
  identification 名 身分証・ID
  identity 名 身元・アイデンティティ
  identical 形 同一の
  😊 IDカードはカードに載っている人と所有者が同一人物であることを示すものですね。

D **adjust** 動 〜を調節する・慣れる
  adjust A to B AをBに合わせる 類 adapt A to B
  adjust to A Aに慣れる・Aに順応する
  😊 just「ちょうど」にすると覚えておけば覚えやすいです。

| 1 | 月 日 | 2 | 月 日 | 3 | 月 日 | 4 | 月 日 | 5 | 月 日 |

解答目標タイム 15 秒

6. Mr. Bovee's suggestion to ------- Ms. Brown to next month's company retreat was dismissed.

(A) include
(B) propose
(C) promote
(D) invite

- □ **suggestion** 名 提案 類 proposal
- □ **company retreat** 社員研修旅行
  - 😊 どこか隔離された場所で研修会をすることです。

  retreat 名 別荘・避難・引退・引きこもり
  - 😊 似た表現の company picnic「会社の野外ピクニック・野外パーティー」に関する話はよく出てきます。
- □ **dismiss** 動 ～を却下する・～を解雇する
  - 類 fire, lay off, make ... redundant
  - 反 hire ～を雇う 類 employ, recruit
  - 😊 dis-「分離」miss「送る」→「去らせる」というのが語源です。

😊 **狙われる盲点**

動詞の suggest は後ろに to 不定詞を置くことはできませんが、名詞の suggestion の後ろには置けるので注意が必要です。
He suggested going there. 「彼はそこに行くことを提案した」
his suggestion to go there 「そこに行くという彼の提案」

6. (D) invite

1. 選択肢には動詞の原形が並んでいます。
2. 空欄の後ろには Ms. Brown という人が来ており、その後には〈to+社員旅行〉という形が来ています。このことから invite A to B「AをBに招待する」の形をとれる invite が正解だとわかります。

訳 ▶ ボヴィー氏のブラウンさんを来月の社員研修旅行に誘うという提案は却下された。

Word Network

A **include** 動 ～を含む **include A in B** AをBに含める
 inclusive 形 包括的な **including** 前 ～を含めて
 🔸 -cludeは「閉める (close)」を表します。
  in-「中に」-clude ➡「中に含む」
 exclude 動 ～を排除する ex-「外に」-clude ➡「閉め出す」
 conclude 動 結論づける con-「完全に」-clude ➡「終わる」

B **propose** 動 ～を提案する 類 suggest
 proposal 名 提案 類 suggestion
 🔸 -poseは「置く」を表します。pro-「前に」-pose ➡「公言する」
 impose 動 ～を課す im-「～の上に」-pose ➡「～の上に置く」
 impose A on B AをBに課す
 dispose 動 処理する dis-「分離」-pose ➡「離して置く」
 dispose of A Aを処分する
 oppose 動 ～に反対する op-「反対に」-pose ➡「反対に置く」

C **promote** 動 ～を昇進させる・～の普及を促進する
 promote 人 to A 人をA (という役職) に昇進させる
 promotion 名 昇進・販売促進 反 demotion 降格
 promotion to A A (という役職) への昇進
 🔸 pro-「前に」-mote「動かす (move)」というのが語源です。

D **invite** 動 ～を招待する
 invitation 名 招待・招待状

| 1 | 月 | 日 | 2 | 月 | 日 | 3 | 月 | 日 | 4 | 月 | 日 | 5 | 月 | 日 |

解答目標タイム 20 秒

7. Apticom ------- an apology to patrons whose confidential information had been leaked and promised to strengthen its security.

(A) hailed
(B) extended
(C) replied
(D) appointed

- **apology** 名 謝罪
- **patron** 名 (ひいき) 客
- **confidential** 形 秘密の　類 secret, classified, sensitive
- **leak** 動 〜を漏らす
- **promise to do** 〜すると約束する
  promise A to do Aに〜すると約束する
  promising 形 有望な
  promising candidate　有望な候補者
- **strengthen** 動 〜を強化する　類 bolster

7. (B) extended

1. 選択肢には動詞の -ed 形が並んでいます。
2. 空欄の後ろには an apology「謝罪」と to patrons「客」という〈to + 人〉の形が来ています。よって extend an apology to 人「人に謝罪する」の形をとることのできる extended が正解。extend には「〜を拡大する」だけではなく、「〜を与える」という意味があるので要注意です。

訳 ▶ アプティコムは秘密情報が漏れてしまった客に謝罪し、セキュリティを強化する約束をした。

Word Network

A **hail** 動 〜を歓迎する・〜を認める
  hail A (as) B AをBとして認める/迎える

B **extend** 動 〜を拡大する・〜を延長する 類 prolong
  〜を与える 類 offer, present
  extend a welcome 歓迎する
  extend an invitation 招待する
  extend an offer オファーをする
  extent 名 範囲 類 degree
  extension 名 拡張・延長・内線

C **reply** 動 答える 名 返事
  reply to A Aに答える 類 answer A
  💡 reply は自動詞で answer は他動詞です。

D **appoint** 動 〜を任命する・〜を指定する
  appoint A to do Aに〜するよう任命する
  appoint 人 to 職 人に職を任命する
  appoint 人 (as) 役職 人に役職を任命する
  appointment 名 任命・約束
  💡 ホテルや飛行機のように部屋や席をとっておく予約はreservationで、医者や誰かと会う予約はappointmentです。

| 1 | 月 日 | 2 | 月 日 | 3 | 月 日 | 4 | 月 日 | 5 | 月 日 |

解答目標タイム 10 秒

8. The directors are all ------- attending the charity gala at the Saville Hotel in Paris.

(A) looking forward to
(B) bringing about
(C) living up to
(D) picking up

□ **director** 名 取締役・重役
□ **charity** 名 チャリティー・慈善事業
□ **gala** 名 催し・祝祭

8. (A) looking forward to

1. 選択肢には動詞の熟語が並んでいます。
2. 空欄の後ろには、attending ... gala「催しに参加すること」という動名詞が続いているので、look forward to doing「〜するのを (楽しみに) 待つ」が文意に合います。前置詞の to の後ろには動詞の原形ではなく -ing形 がくるので要注意です。

🚂 その他重要な to doing

be accustomed / used to doing 〜するのに慣れている
be dedicated to doing 〜 することに専心する
  類 be devoted to doing, be committed to doing
be opposed to doing 〜するのに反対している
object to doing 〜するのに反対する
with a view to doing 〜するために
when it comes to doing 〜することになると
in addition to doing 〜するのに加えて
prior to doing 〜する前に　類 before doing

訳▶ 取締役は皆パリのサヴィルホテルのチャリティーイベントに参加するのを楽しみにしている。

Word Network

A **look forward to** 〜を楽しみに待つ

B **bring about** 〜を引き起こす　類 cause, lead to, result in
  The shortage of materials brought about a change in the prices.
  「原料不足のため製品の値段は変更された」

C **live up to** 〜に添う
  live up to the expectation　期待に添う
  類 meet/satisfy/fulfill the expectation

D **pick up** 好転する・回復する　類 improve, recover
  The Japanese economy is picking up.「日本経済は回復してきている」
  　　〜を拾い上げる・〜を取りに行く・〜を車で迎えに行く
  I'll pick you up at 5.「5時に迎えに行くよ」
  　　〜を引き継ぐ　類 continue
  pick up the tradition「伝統を引き継ぐ」

| 1 | 月 日 | 2 | 月 日 | 3 | 月 日 | 4 | 月 日 | 5 | 月 日 |

⏰ 解答目標タイム 15 秒

9. Globrex Industrial's annual shareholders' meeting ------- with a speech from Hayato Matsui, the company's chief executive.

(A) negotiated
(B) accumulated
(C) enclosed
(D) concluded

□ **annual** 形 年に1度の
□ **meeting** 名 会議 類 conference, convention, session

9. (D) concluded

1. 選択肢には -ed で終わる動詞が並んでいます。
2. enclose「〜を同封する」は通常他動詞で後ろに目的語をとります。しかし今回は with a speech という前置詞句が来ているのでここには置けません。
3. negotiate with A「Aと交渉する」という表現はありますが今回は後ろに a speech という語が来ていて交渉相手にはなれません。よって concluded「終わった」が正解です。

訳 ▶ グローブレックス・インダストリアルの年に一度の株主総会は、会社の最高責任者ハヤト・マツイのスピーチで幕を閉じた。

Word Network

A **negotiate** 動 交渉する・協議する
  negotiate A with B BとAについて交渉する
  I negotiated a deal with Randy.
  「私はランディーとの商談をまとめた」

B **accumulate** 動 たまる・〜を蓄積する 類 gather
  😊 他動詞でも自動詞でもよく使われます。
  accumulation 名 蓄積
  accumulative 形 次第に増加する 類 cumulative

C **enclose** 動 〜を同封する
  enclosed 形 同封の 名 同封物
  😊 enclosedは〈enclosed + be動詞 + 名詞〉で「〜を同封します」という形でも使われます。
  Enclosed is the test data for your reference.
  「ご参考までに試験データを同封いたします」
  😊 en-「中に」close「閉じる」➡「中に閉じ込める」というのが語源です。

D **conclude** 自 （会議や話が）終わる
  他 〜と結論を出す・〜を終える
  conclude with A Aで終わる

解答目標タイム 20秒

10. Staff members have to ------- receipts from business trips to the human resources department to be reimbursed for travel costs.

(A) result
(B) consult
(C) provide
(D) divide

- **staff** 名 スタッフ・社員・職員
  - 数えられない名詞です。一人一人数える場合は staff member「スタッフメンバー」です。
- **have to do** 〜しなければならない 関 have got to do
- **receipt** 名 レシート・領収書
- **business trip** 出張
- **human resources department** 人事部
- **A reimburse B for C** AがBにCを払い戻す
  - be reimbursed for C「Cを払い戻される」は比較的知られていますが、be reimbursed by A「Aによって払い戻される」も出題されたことがあります。
  - Employees are reimbursed by the human resources department.
  「従業員は人事部から払い戻しを受けます」

10. (C) provide

1. 選択肢には動詞の原形が並んでいます。
2. 空欄の後ろに receipts from という目的語になる名詞のかたまりがあり、その後ろに to the...department という前置詞句があります。
3. このことから〈provide モノ to 人〉「モノを人に与える」の形をとる provide が正解だとわかります。日本では〈provide モノ for 人〉と教わりますが、アメリカでは to の方がよく使われます。

訳▶ 交通費を払い戻してもらうためには、社員たちは、人事部に出張時の領収書を提出しなければならない。

Word Network

A **result** 動 生じる・(〜という) 結果になる 名 結果・成果
 🌀 result が自動詞だというのも重要です。
 A result in B A が B をもたらす
  類 A cause B, A lead to B, A give rise to B
 A result from B A は B が原因である
  類 A stem from B, A derive from B

B **consult** 動 〜に相談する
 consultant 名 コンサルタント・相談役
 consultation 名 協議・相談・参照

C **provide** 動 〜に供給する・〜を用意する
 provide 人 (with) モノ 人にモノを与える 類 supply, furnish
 provide モノ for/to 人 モノを人に与える
 provision 名 供給・支給・用意 類 preparation
 🌀 provided (that) SV 接「もし〜ならば」も頻出です。
  類 if, given that, assuming that, suppose that

D **divide** 動 〜を分ける
 divide A into B A を B に分ける
 division 名 課・部署 類 department
 dividend 名 配当金

⏰ 解答目標タイム **15秒**

11. The delegation members who ------- the facility were impressed by how welding robots were being used.

(A) estimated
(B) toured
(C) emerged
(D) attached

□ **delegation** 名 代表団・派遣団・委任
　delegate 名 代表者　動 ～を委任する・～を代表として派遣する
□ **facility** 名 施設
□ **be impressed** 感銘を受ける・感動する
□ **weld** 動 ～を溶接する　名 溶接すること

11. (B) toured

1. 選択肢には動詞の -ed 形が並んでいます。
2. 空欄の後ろには the facility「施設」という場所を表す語があります。この語と相性がいいのは tour「〜を見学する」です。よって、この過去形 toured が正解です。

訳▶ 施設を見学した派遣団の団員は溶接ロボットの使用方法に感銘を受けた。

Word Network

A **estimate** 動 〜を推測する・〜を見積もる 名 見積もり
　動詞の場合は-ate「エイト」、名詞の場合は-ate「アット」のように発音されます。

estimation 名 憶測・見積もり

estimate A at B AをBと見積もる
　類 value A at B, assess A at B, appraise A at B

He estimated the cost at $ 3,000.
「彼は費用を3千ドルと見積もった」

　受け身の形でもよく使われます。
　My car was estimated at $4000.
　「私の車は4千ドルと査定された」

B **tour** 動 〜を見学する・〜を周遊する
　動詞でも使われることを覚えておいてください。
　名 ツアー・旅行 類 trip, journey

C **emerge** 動 現れる 類 appear, show up

emergence 名 出現 類 appearance

emergent 形 新興の・緊急の

emergency 名 緊急事態

D **attach** 動 〜を取りつける

attach A to B AをBに取りつける
　反 detach A from B AをBから取り外す

attachment 名 添付ファイル・取りつけること

Attached is A Aが添付されています
　類 Attached please find A

解答目標タイム 20 秒

12. The complimentary shuttle service between the Arcwell Hotel and Hetwick Aquarium ------- on a summer schedule from July 1.

(A) operates
(B) endorses
(C) issues
(D) processes

□ **complimentary** 形 無料の 類 free
　complementary「補足的な」と混同しやすいので注意。
□ **shuttle service** シャトルバス・サービス
□ **between A and B** AとBの間の・AとBの間に
□ **on a ~ schedule** 〜スケジュールで
　on a winter/spring/summer/autumn schedule
　「冬季/春季/夏季/秋季スケジュールで」

12. (A) operates

1. 選択肢には動詞の三人称単数形が並んでいます。(B) (C) (D) は名詞の複数形ともとれますが、問題文中に動詞がないため空欄には動詞を置かなければなりません。

2. 文意をとると「shuttle service (シャトルバス・サービス) が夏季スケジュールで〜する」となります。この文脈に合うのは operate「作動する・操業する」です。process は名詞で「過程・進行」という意味があるため、ここに置けそうですが、動詞の場合は他動詞で「〜を処理する」という意味になります。

訳▶ アークウェルホテルとヘトウィック水族館の間の無料シャトルバス・サービスは7月1日から夏季スケジュールで運行します。

Word Network

A **operate** 自 作動する・操業する・手術する
　　　　　　他 〜を操作する・〜を経営する
　operation 名 運転・操作・作業・手術
　operational 形 使用できる・操作の・機能した・機能上の・運用上の

B **endorse** 動 〜を支持する・〜を推奨する・〜の広告に出る
　endorse a product 商品を推奨する・商品の広告に出る
　endorsement 名 支持・推奨・広告に出ること
　💡 有名人などが広告に出てある商品やサービスをお勧めすることを endorse と言います。

C **issue** 動 〜を発行する・〜を出す 名 刊行物・問題
　A certificate will be issued when you pass the exam.
　「試験に合格したら修了証明書が発行されます」

D **process** 動 〜を処理する・〜を加工する 名 過程・進行
　proceed 動 進む・続ける
　proceeds 名 売上高 類 sales, turnover, profit
　💡 pro-「前に」-ceed「進む」というのが語源です。
　　また、proceed は自動詞です。注意しましょう。

❶ 月 日 ❷ 月 日 ❸ 月 日 ❹ 月 日 ❺ 月 日

解答目標タイム **15**秒

13. The way that nurses ------- out their duties varies according to the hospital department in which they work.

(A) take
(B) hand
(C) carry
(D) turn

- **the way that SV** SがVする方法
- **nurse** 名 看護師
- **duty** 名 職務 類 responsibility
- **vary** 動 異なる 類 differ
- **according to A** Aにより 類 depending on A

13. (C) carry

1. 選択肢には動詞の原形が並んでいます。
2. 空欄の後ろにはoutがありますが、どの選択肢も後ろにoutをとって動詞のかたまりを作ることができます。
3. outの後にはtheir duties「職務」がきています。これを目的語としてとれるのはcarry out「〜を実行する」なのでcarryが正解です。

訳▶ 看護師たちの職務遂行の仕方は、働いている病院の部署により異なる。

Word Network

A **take** 動 〜を持っていく・連れていく・〜に乗って行く・〜を取る・(時間)がかかる
  take out A Aを持ち帰る・A(人)を食事などに連れ出す
  take 人 around 人を案内して回る
  take off 飛び立つ・(服など)を脱ぐ
  take on A Aを引き受ける 類 undertake A, assume A

B **hand** 動 〜を手渡す 名 手助け
  hand in A Aを提出する 類 turn in A, submit A
  hand out A Aを配る 類 distribute A

C **carry** 動 〜を運ぶ
  carry out A Aを実行する 類 conduct A, perform A
             Aを達成する 類 complete A, achieve A, accomplish A
  carrier 名 運送業者

D **turn** 動 〜の方向を変える
  turn up 現れる 類 show up, appear
  turn down A Aを断る 類 refuse A, reject A, decline A
  turn out (to be) A Aだとわかる 類 prove (to be) A
  turn over A Aをひっくり返す
  turnover 名 反転・売上高
  turnout 名 出席者数 類 attendance

⏰ 解答目標タイム 20 秒

14. The store managers of FCG Electronics stores have the authority to ------- the retail selling prices of all items.

(A) acquire
(B) revise
(C) load
(D) account

□ **store manager** 店長
□ **authority to do** ～する権限
　類 right to do ～する権利
□ **retail** 形 小売りの
　🌀 関連語として wholesale「卸売りの」も頻出です。
　　whole-「全体」sale「売る」➡「まとめて売る」というのが語源です。

14. (B) revise

1. 選択肢には動詞が並んでいます。
2. 空欄の後ろには the ... prices「値段」が目的語に来ています。
3. 値段を手に入れたり (acquire)、積み込んだり (load) はしませんし、account「説明する」は通常自動詞で目的語をとれません。よって revise「〜を改定する」が正解です。

訳▶ FCGエレクトロニクスの店長は、すべての商品の小売価格を変更する権限がある。

Word Network

A **acquire** 動 〜を手に入れる 類 get, obtain, gain
　　　　　　〜を買収する 類 buy
acquisition 名 獲得・買収

B **revise** 動 〜を改定する
revision 名 改定・改訂
revised version 改訂版
😊 revise も revisionもよく出題されています。

C **load** 動 (荷物)を積む 反 unload (荷物)を下ろす
　　　 名 荷物・負担
load A(車など) with B(荷物など) AにBを積む
load B(荷物など) into A(車など) BをAに積み込む
😊 動詞は Part 1 でもよく出てきます。

D **account** 動 説明する・占める
account for A Aを説明する 類 explain A
　　　　　　　 Aを占める 類 occupy A
He couldn't account for his absence.
「彼は欠席した理由を説明できなかった」
Japan accounts for 70 percent of electric vehicle patents.
「日本は電気自動車特許の70%を占めている」
　　　　　　 名 口座・アカウント・考慮
take A into account Aを考慮する 類 take A into consideration

1 　月　日　 2 　月　日　 3 　月　日　 4 　月　日　 5 　月　日

⏰ 解答目標タイム 20 秒

15. In order to ------- your subscription, you will need to complete and return the enclosed form.

(A) nominate
(B) renew
(C) speculate
(D) contend

- □ **in order to do** 〜するために
- □ **subscription** 名 定期購読
- □ **complete** 動 〜を記入する 類 fill out
- □ **enclosed** 形 同封された
- □ **form** 名 用紙

15. (B) renew

1. 選択肢には動詞が並んでいます。
2. 空欄の後ろには your subscription「あなたの定期購読」という名詞があります。この語と相性がいいのは renew「〜を更新する」です。renew a subscription「定期購読を更新する」の他にも、cancel/discontinue a subscription「定期購読をやめる」を覚えておきましょう。

訳▶ 定期購読の更新には、同封された用紙を記入して返送していただく必要があります。

Word Network

A **nominate** 動 〜をノミネートする・推薦する
　nominate A (as) B AをBに任命する　類 appoint A (as) B
　nomination 名 ノミネート・指名
　🔹 nom-(name)「名前」が単語の中に入っているので覚えやすいです。
　nominal 名 名目上の・ごくわずかの・名前の

B **renew** 動 〜を更新する
　renew a contract 契約を更新する
　🔹 契約更新の場面はTOEIC超頻出です。
　renewal 名 更新
　renewable 形 更新できる・再生可能な

C **speculate** 動 〜と推測する・〜に投機する
　speculation 名 推論・熟考・投機
　🔹 投機とは簡単に言うと、値上がりすると見越してあるものを買って、それをそれより高い値段で売るといった、短期的な投資のようなものです。

D **contend** 動 争う・〜と主張する
　contend with A Aに取り組む　類 deal with A, cope with A
　contention 名 論争・論点・主張
　contenious 形 物議をかもす　類 controversial
　　　　　　　　　口論好きの　類 argumentative

⏰ 解答目標タイム 15 秒

16. The training session will ------- many guest commentators who specialize in marketing analysis.

(A) launch
(B) postpone
(C) feature
(D) organize

□ **training session** 講習会
□ **guest commentator** ゲスト解説者
□ **specialize in A** Aを専門としている
 🔸 major in A「Aを専攻している」も一緒に覚えておきましょう。majorは名詞で「専攻」という意味でも使われます。
□ **market analysis** 市場分析
 analysis 名 分析
 analyze 動 〜を分析する

16. (C) feature

1. 選択肢には動詞の原形が並んでいます。
2. 主語は The training session「講習会」です。launch「〜を始める」、postpone「〜を延期する」、organize「〜を組織する」は基本的に主語に人をとるのでここには不適当です。よって正解は feature「〜を呼び物とする」となります。

訳 ▶ 講習会は、市場分析を専門とするゲスト解説者が呼び物となるでしょう。

Word Network

A **launch** 動 〜を始める 類 start, begin
　　　　　〜を打ち上げる・〜を売り出す 類 release
　　　　　名 開始・打ち上げ

B **postpone** 動 〜を延期する 類 put off
　😊 post-「後に」-pone「置く」というのが語源です。
　postpone A until B AをBに延期する
　postpone A by/for B AをB間、延期する
　postpone the meeting until next month
　「会議を来月に延期する」
　postpone the meeting by/for one month
　「会議を1カ月延期する」
　😊 ややこしいので注意です。forは期間、byは差を表しています。

C **feature** 動 〜を呼び物にする・〜を特徴とする・〜を特集する
　　　　　名 特徴・特集記事・顔かたち
　😊 意味がたくさんありますが、よく出る単語なのできちんと覚えましょう。

D **organize** 動 〜を組織する・〜を整理する
　organizer 名 主催者
　organization 名 組織
　😊 organ「器官・臓器」や organic「有機栽培の・器官の・本質的な・基本的な」も同じ語源です。

第2章 頻出動詞問題　063

⏰ 解答目標タイム 20 秒

17. Go-Stream will be ------- the Sci-Fi Awards, so people can watch the event live on their computer or mobile device.

(A) regulating
(B) collaborating
(C) drafting
(D) covering

- □ **Sci-Fi**　SF・サイエンスフィクション
- □ **live**　副 生放送で　形 生放送の
- □ **mobile device**　モバイル機器

17. (D) covering

1. 選択肢には動詞の -ing 形が並んでいます。
2. 空欄の後ろには the Sci-Fi Awards という名詞が来ています。その後ろには「人々は生放送で見ることができる」とあるので、cover「〜を放送する・〜を報道する」の進行形 covering を入れて「SF アワーズを放送する」とすれば文意に合います。

will be doing (未来進行形) は未来の予定を表すときによく使われます。

訳▶ ゴウ・ストリームは SF アワーズを放送するので、人々はコンピューターやモバイル機器を使って生放送で観ることができる。

Word Network

A **regulate** 動 〜を規制する
 regular 形 通常の・規則的な 反 irregular 不規則な
 regularly 副 定期的に
 regulation 名 規制

B **collaborate** 動 協力する
 collaborate with A Aと協力する
 collaboration 名 協力・合作 **collaborative** 形 共同の・合作の

C **draft** 動 〜の原稿を書く・〜を起草する 類 write
 名 下書き・草稿・設計図

D **cover** 動 〜を放送する・〜を報道する 類 broadcast, report
 〜を含む 類 include
 〜を代行する・〜を補う 類 compensate for
 名 覆うもの・代わりの人

 coverage 名 報道・取材 類 reporting
 保険の補償 (範囲) 類 insurance
 受信領域

 💬 coverage area「サービスエリア」は携帯の電波やWi-Fiの電波が届く (カバーしている) 範囲のことです。

| 1 | 月 | 日 | 2 | 月 | 日 | 3 | 月 | 日 | 4 | 月 | 日 | 5 | 月 | 日 |

解答目標タイム 15 秒

18. The secretaries spent a considerable amount of time ------- the risk management workshops for each division.

(A) scheduling
(B) hesitating
(C) allowing
(D) struggling

□ **secretary** 名 秘書
□ **considerable** 形 かなりの　類 significant, substantial
□ **risk management** 危機管理
□ **division** 名 部署　類 department

18. (A) scheduling

1. 選択肢には動詞の -ing 形が並んでいます。
2. 空欄に入る動詞は spend A doing「A を〜するのに費やす」の doing の部分にあたります。
3. 空欄の後ろの the ... workshop「ワークショップ」というイベントを目的語にとるのは動詞の schedule「〜の予定を決める」です。よって scheduling が正解です。

訳▶ 各部署の危機管理ワークショップの予定を組むのに秘書たちはかなりの多くの時間を費やした。

Word Network

A **schedule** 動 〜の予定を決める 名 予定
 as scheduled 予定通りに 類 on schedule
 be scheduled to do 〜する予定になっている 類 be slated to do
 be scheduled for A A の予定になっている 類 be slated for A
 The meeting is scheduled for April 10.
 「会議は 4 月 10 日に予定されています」
 The construction is scheduled for completion in November.
 「工事の完成は 11 月を予定しています」
 ● on schedule「予定通りに」、behind schedule「予定より遅れて」、ahead of schedule「予定より早く」もよく出る重要表現です。

B **hesitate** 動 ためらう **hesitate to do** 〜するのをためらう
 hesitant 形 気が進まない
 be hesitant to do 〜する気がしない 類 be unwilling to do
 hesitation 名 ためらい

C **allow** 動 〜を許す
 allow A to do A に〜させてあげる 類 let A do, permit A to do
 be allowed to do 〜することを許されている
 be not allowed to do 〜してはならない 類 be not supposed to do
 You are not allowed to park here.「ここに駐車してはいけません」

D **struggle** 動 もがく **struggle to do** (必死で)〜しようと努力する

| 1 | 月 日 | 2 | 月 日 | 3 | 月 日 | 4 | 月 日 | 5 | 月 日 |

Nouns!

第3章
頻出名詞問題 12

🔊 3-1 〜 3-12

派生語まで
まとめて
パワーアップ

頻出名詞問題、12問です。

> **12問 × 20秒 = 240秒 (4分)**

以内で解きましょう。

中・上級者は、「解答目標タイム」の
合計170秒 (2分50秒) 以内

を目指してください。

第3章 頻出名詞問題　069

⏰ 解答目標タイム **15秒**

1. Visitors to the mural exhibition at the Vancouver National Museum are encouraged to make a small -------.

(A) appreciation
(B) reputation
(C) inauguration
(D) donation

□ **mural** 名 壁画
□ **exhibition** 名 展覧会
□ **be encouraged to do** 〜するよう奨励されている

1. (D) donation

1. 選択肢には -ion で終わる名詞が並んでいます。
2. 空欄の前には make という動詞と small という形容詞が来ています。よって、どちらの語とも相性がよく make a donation「寄付する」と a small donation「少額の寄付」という形を作る donation「寄付」が正解です。

訳▶ バンクーバー・ナショナル美術館の壁画展への来場者は少額の寄付をするよう奨励されている。

Word Network

A **appreciation** 名 感謝　類 gratitude
　🌀 gratuity「チップ(= tip)」は感謝の印のお金です。
　express one's appreciation for A　Aに感謝の意を表す
　appreciate 動 ～に感謝する・～を鑑賞する
　🌀 ap-「～に」preci「値段 (price) をつける」⇒「評価する・正しく理解する」というのが語源です。

B **reputation** 名 評判
　repute 名 名誉・評判　類 reputation
　reputed 形 評判になって
　be reputed to do　～すると評判である
　reputable 形 評判のよい・信頼できる　類 reliable, dependable

C **inauguration** 名 就任 (式)・除幕式
　inaugural 形 就任式の
　inaugural speech　就任演説

D **donation** 名 寄付　類 contribution
　make a donation to A　Aに寄付をする
　donate 動 ～を寄付する
　donate A to B　AをBに寄付する　類 contribute A to B
　🌀 donateとcontributeの言い換えはよく出てきます。

解答目標タイム 15 秒

2. The general ------- among the directors was that the company should immediately recall the defective device.

(A) productivity
(B) consensus
(C) patent
(D) compensation

□ **general** 形 全体の・一般の 類 overall
□ **director** 名 取締役
□ **immediately** 副 すぐに 類 soon, shortly
□ **recall** 動 〜をリコールする・〜を思い出す
□ **defective** 形 欠陥のある 類 faulty
□ **device** 名 装置

2. (B) consensus

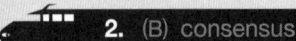

1. 選択肢には名詞が並んでいます。
2. 空欄の前には general という形容詞、後ろには among the directors「取締役の間」という前置詞句が来ています。これらと相性がいい名詞は consensus「合意」です。consensus among で「〜間の合意」という意味、general consensus で「全体合意」という意味になります。consent「同意」を使った by general/common consent「満場一致で」というフレーズもあります。

訳 ▶ 取締役の間の全体合意は、会社は欠陥のある装置をすぐにリコールするべきだというものだった。

Word Network

A **productivity** 名 生産性
　productive 形 生産力のある
　production 名 生産
　product 名 製品　類 item
　produce 動 〜を生産する
　　　　　　 名 青果　類 fruit and vegetables
　● 動詞の場合は -duce の部分が強く読まれ、名詞の場合は pro- の部分が強く読まれます。また、product は可算名詞ですが、produce と production は不可算名詞です。

B **consensus** 名 合意・一致した意見
　● consent「同意」と同じく con-「共に」-sense「感じる」が語源です。

C **patent** 名 特許・特許品
　　　　　 動 〜の特許をとる　形 明白な　類 obvious, clear

D **compensation** 名 補償・賠償・報酬
　compensate 動 補う・〜に支払う　類 pay
　compensate for A Aの埋め合わせをする　類 make up for A
　compensate 人 for A
　人にAの埋め合わせをする・人にAの報酬を支払う

---

1 月 日　2 月 日　3 月 日　4 月 日　5 月 日

第3章 頻出名詞問題　073

⏰ 解答目標タイム 15 秒

3. In the last quarter, there was a sharp ------- in the number of mergers and acquisitions in the technology sector.

(A) increase
(B) addition
(C) round
(D) property

□ **quarter** 名 四半期
□ **merger** 名 合併
□ **acquisition** 名 買収
　🗨 mergers and acquisitionsはM&Aと略すことができます。
□ **sector** 名 部門・分野

3. (A) increase

1. 選択肢には名詞が並んでいます。
2. 空欄の直前の sharp「急な」が適切に修飾し、後に in the number を置けるものを選びます。increase「増加」を入れれば「急激な数の増加」となり意味が通ります。addition「追加」は、後ろに in the number は置けません。

訳 ▶ 前四半期は技術分野での合併買収の数が急激に増えた。

Word Network

A **increase** 名 増加 動 増加する
  increase in A Aの増加
  increase by A A差増加する
  🌑 増加・減少を表す動詞はまとめてイメージできるようにしておくと便利です。
    上昇 rise, increase, climb
    急騰 rocket, surge, jump, soar
    下降 fall, decrease, slide, decline, drop, slump, slip
    急落 tumble, dive, dip, plunge, plummet

B **addition** 名 追加・加えられた人
  additive 名 添加物
  add 動 ～を加える
  add A to B AをBに加える
  additional 形 追加の
  additionally 副 さらに 類 in addition

C **round** 名 ラウンド・一巡・一試合 形 丸い
  🌑 the next round of interviews「面接の次のラウンド」という形で出題されたことがあります。
  route 名 ルート
  routine 名 日課・いつもすること 類 practice

D **property** 名 財産・所有物 類 assets, estate, fortune
  proper 形 適切な・適した 類 suitable 反 improper 不適切な
  properly 副 適切に

❶ 月 日 | ❷ 月 日 | ❸ 月 日 | ❹ 月 日 | ❺ 月 日

解答目標タイム 10 秒

4. Meernox has been expanding its operations into other states and will have a ------- of thirty retail outlets nationwide by the end of December.

(A) total
(B) number
(C) quantity
(D) limit

□ **expand A into B** AをBに拡大する
□ **retail outlet** 小売店
  outlet 名 商店・コンセント
  ● 商品が出ていく (let out) ところ、電気が出ていくところと覚えておきましょう。
□ **nationwide** 副 全国的に 形 全国的な
□ **by the end of A** Aのおわりまでに
  ● at the beginning/end of A「Aのはじめに・おわりに」と by the beginning/end of A「Aのはじめまでに・おわりまでに」は前置詞 at と by がよく空欄になります。

4. (A) total

1. 選択肢には名詞が並んでいます。
2. 空欄の前後を見ると a ------- of の形をとっています。a total of A「合計 A」であれば、「合計30」となり意味が通ります。a quantity of A「多量の A」は A の位置に不可算名詞が来ますし、a number of A「数多くの A」の A の位置には30という具体的な数字は置けません。

訳 ▶ ミーアノックスは事業を他の州に拡大しており、12月末までには全国で合計30の小売店を有する。

Word Network

A **total** 名 合計
  in total 合計で
  totally 副 まったく・完全に 類 completely

B **number** 名 数
  🍀 a number of と the number of の違いはややこしいので注意しましょう。
  a number of + 複数名詞 数多くの・いくつかの〜 類 multiple
  A number of attendees are coming.「多くの出席者が来ます」
  (主語は attendees なので動詞は are です。)
  the number of + 複数名詞 〜の数
  The number of attendees is unknown.「出席者の数はまだ分からない」(主語は the number なので動詞は is です。)
  🍀 a number of も multiple も「数多くの」という意味と「いくつかの」という意味があるので要注意です。

C **quantity** 名 量 類 amount 反 quality 名 質 形 質の高い
  quantify 動 〜の量を計る
  qualify 動 〜に資格を与える

D **limit** 名 限度・限界 動 〜を制限する 類 restrict
  limit A to B A を B に制限する 類 restrict A to B
  limitation 名 制限・規制 類 restriction
  limited 形 制限された

| 1 | 月 日 | 2 | 月 日 | 3 | 月 日 | 4 | 月 日 | 5 | 月 日 |

解答目標タイム **15秒**

5. Since BCL, Inc., does not have enough money in the budget, it cannot upgrade its ------- on time.

(A) liaisons
(B) figures
(C) facilities
(D) warranties

- **since** 接 ～なので 類 because, as
- **enough** 形 十分な 副 十分に
  - 形容詞/副詞 enough の語順に注意しましょう。
    ○high enough 十分高い
    ×enough high
- **budget** 名 予算
- **upgrade** 動 ～を向上させる・～を改修する
  名 機能向上・アップグレード
- **on time** 時間通りに・定時に

5. (C) facilities

1. 選択肢には名詞が並んでいます。
2. 空欄の前部には upgrade「〜を改修する」という動詞が来ているので、この動詞と相性のいい目的語を選びます。
3. 文意をとると「予算に十分なお金がないので」とあるので、ここに facilities「施設」を入れれば、「予算がないので施設を改修できない」となり意味が通ります。

訳 ▶ BCL社は、十分な予算がないため、施設を予定の時期に改修することができないだろう。

Word Network

A **liaison** 名 連絡係
- liaison は何かと何かをつなぐ「人」のことです。liaison between A and B「AとBの連絡係」の形で出題されました。

B **figure** 名 形・数字・人物 動 〜を計算する・〜を心に描く
figure out 〜だとわかる・〜を解決する

C **facility** 名 設備・施設・機能・適正
- 本問題のように複数形で使われることが多いです。
sports facilities スポーツ施設
dining facilities 食事施設
a facility for A Aの才能
a facility to do 〜する才能　類 faculty to do, ability to do

D **warranty** 名 保証・保証書　類 guarantee
- 最近は日本の電器屋さんなどでも使われている言葉です。類語のguaranteeの動詞の場合の使い方も覚えておきましょう。
  guarantee that SV　SがVすると保証する　類 ensure that SV
  guarantee 人 that SV　人にSがVすると保証する
  　　　　　　　　　　　　　類 assure 人 that SV

warrant 動 〜を保証する・〜を正当化する
- アメリカのテレビドラマなどではよくa search warrant「捜査令状」という令状の意味の名詞のwarrantがよく出てきます。

1 　月　日　2 　月　日　3 　月　日　4 　月　日　5 　月　日

解答目標タイム 10 秒

6. ------- to the concert hall will be restricted to authorized personnel until tomorrow morning.

(A) Admission
(B) Advance
(C) Remedy
(D) Solution

- □ **be restricted to A** Aに制限されている　類 be limited to A
- □ **authorized** 形 権限を与えられた
  - **authorize** 動 〜に権限を与える
  - **author** 名 著者
  - **authority** 名 権威
- □ **personnel** 名 職員・全職員　類 staff
  - 🌀「人事部」= human resources の意味もありますね。
- □ **until A** Aまでずっと　類 till A

6. (A) Admission

1. 選択肢には名詞が並んでいます。

2. 空欄には will be restricted「制限される」の主語になる名詞が入ります。

3. また、空欄の後ろには to the concert hall という〈to+場所〉が来ています。このことから〈admission to + 場所〉「〜への入場」という形をとる Admission を入れれば「コンサートホールへの入場が制限されている」となり意味が通ります。

訳▶ コンサートホールは、明日の朝まで関係者以外立入禁止です。

Word Network

A **admission** 名 入場・入場料
- 「入場料」は admission fee という2語でも出てきます。

admit 動 〜を受け入れる・〜を認める

B **advance** 名 発展・進歩 類 progress
動 〜を促進させる 類 promote, facilitate, foster

in advance 前もって

in advance of A Aの前に 類 prior to A, before A

advancement 名 前進・昇進 類 promotion

- advantage「有利」も同じ語源で「前にいること」というのが語源です。

C **remedy** 名 対策・治療・薬
動 〜に対処する・〜を治療する

remedial 形 改善の・治療の

- 学校などでは「補習の」という意味でも使います。

D **solution** 名 解決策

solution to A Aの解決策

solve 動 〜を解決する

resolve 動 〜を解決する・決心する

resolution 名 解決・決意・決議

1 月 日 | 2 月 日 | 3 月 日 | 4 月 日 | 5 月 日

解答目標タイム 15秒

7. As the job ------- stipulates, all candidates need to have a bachelor's degree in economics.

(A) shipment
(B) description
(C) performance
(D) relocation

□ **stipulate** 動 ～を規定する
　stipulation 名 規定
□ **candidate** 名 応募者　類 applicant

🌸 学位に関する語句

□ **bachelor's degree**　学士号
　master's degree　修士号
　doctor's degree / doctoral degree / doctorate　博士号
　MBA (Master of Business Administration)　経営学修士号
　PhD (Philosophiae Doctor / Doctor of Philosophy)　博士号・哲学博士
🌸 degree には学位以外にも温度の「度」にあたる 30 degrees centigrade = 30℃の使い方がありますね。

7. (B) description

1. 選択肢には名詞が並んでいます。
2. 空欄の後ろには動詞があり、前には the job があります。つまり job と結びついて1つの名詞のかたまりとなるものを選びます。job performance「仕事ぶり」、job description「職務内容書」であればこれが可能です。
3. 文意をとると、「すべての志願者には経済学の学士号がいる」とあることから「職務内容書が示しているように」とすれば意味が成り立ちます。よって description が正解です。

訳▶ 職務内容書に規定されているように、応募者は皆、経済学の学士号を持っていなければならない。

Word Network

A **shipment** 名 輸送 　類 delivery
　ship 動 ～を輸送する　類 deliver, send
　● ship「船」、cargo ship「貨物船」などはよく Part 1 に出ます。

B **description** 名 定義・描写
　describe 動 ～を描写する

C **performance** 名 行い・パフォーマンス・業績
　perform 動 ～を実行する　類 carry out, conduct
　　　　　　　～を演じる・～を上演する

D **relocation** 名 移転・再配置
　relocate 動 ～を移転する・～を異動する　類 transfer
　A is relocated to B AはBに移転する/異動する
　● Aには、人やオフィス、店などがよく来ます。
　locate 動 ～(の場所)を見つける　類 find
　be located ～にある
　location 名 支店・支社・場所・位置
　● Tokyo location「東京支社/支店」のように支社や支店の意味でよく出てくるので注意です。

解答目標タイム 20 秒

8. A ------- of knowledge about Spring Data Systems is needed for all applicants desiring to work for SDS Co. Ltd.

(A) wealth
(B) width
(C) convenience
(D) delay

- **knowledge** 名 知識
- **be needed for A** Aのために必要とされる
- **applicant** 名 応募者　類 candidate
- **desire to do** 〜したい
- **work for A** Aで働く

8. (A) wealth

1. 選択肢には名詞が並んでいます。
2. 空欄の前にはaが、後ろにはof knowledge が来ているので、wealth「豊富さ」を入れれば a wealth of knowledge「豊富な知識」となり意味が通ります。

訳▶ SDS 社で働くことを希望している志願者は皆、スプリング・データ・システムズに関する豊富な知識が必要となる。

Word Network

A **wealth** 名 豊富・富

   a wealth of A 豊富なA

   もともとはwell「幸せな」が名詞化した単語です。

   wealthy 形 裕福な・富んでいる　類 rich, affluent

B **width** 名 幅

   幅、深さ、長さなど、まとめて覚えておきましょう。

   width「幅」　wide 形 幅の広い
   breadth「幅」　broad 形 広い
   depth「深さ」　deep 形 深い
   length「長さ」　long 形 長い
   strength「強さ」　strong 形 強い

C **convenience** 名 利便性・好都合

   at one's earliest convenience ～の都合のつく最も早い時に

   Please contact us at your earliest convenience.
   「できる限り早くご連絡ください」

   convenient 形 便利な・都合のいい

   Please let me know what time is convenient for you.
   「ご都合のよいお時間を教えてください」

   inconvenience 名 不便　動 (人)に不便をかける

   動詞のinconvenienceもきちんと覚えておきましょう。

D **delay** 名 遅延　動 ～を延期する

   delay A until B AをBに延期する

解答目標タイム 10秒

9. The sales assistants at Sula's Department Store always greet customers in a courteous -------.

(A) prescription
(B) remark
(C) manner
(D) progress

□ **sales assistant** 販売員　類 salesclerk
□ **greet** 動 ～にあいさつする
□ **courteous** 形 礼儀正しい・親切丁寧に　類 polite, friendly
　● friendly「親切な・愛想のよい」と言い換えになったことがあるのでこちらも覚えておきましょう。

9. (C) manner

1. 選択肢には名詞が並んでいます。

2. 空欄の直前には courteous「礼儀正しい」という形容詞があるので、この語が適切に修飾する名詞を選びます。よって prescription「処方箋」、progress「進歩」はここには置けません。

3. また、前置詞 in があるので manner を入れて in a...manner「～な方法で・～な態度で」とすれば、in a courteous manner「礼儀正しい方法 (態度) で」となり意味が通ります。

    manner は cordial「心からの」、calm「落ち着いた」などとも相性のいい語です。

訳 ▶ スラズ・デパートの販売員はいつも顧客に丁寧にあいさつをする。

Word Network

A **prescription** 名 処方箋・薬を処方すること
   prescribe 動 ～を処方する
   prescribe A(患者) B　AにBを処方する ＝ prescribe B for A
   🌀 pre-「前もって」-scribe「書く」というのが語源です。
   OTC　医師の処方箋なしで
   🌀 over the counter (薬剤師のカウンターの外にある) の頭文字をとった語です。薬局やスーパーなのでは処方箋なしで買える薬のコーナーにOTCと書いてあります。

B **remark** 名 意見　動 (意見)を述べる
   remark on A　Aについての感想を言う
   remarkable 形 注目に値する (ほどすばらしい)

C **manner** 名 方法・態度　類 way
   🌀 複数形の manners が日本語の「マナー」にあたります。

D **progress** 名 進歩　動 前進する
   make progress　進歩する　反 regress 後退する
   progressive 形 進歩的な

解答目標タイム 20 秒

10. An assessment of overseas academic ------- is necessary before applying for the one-year internship in London.

(A) apologies
(B) resignations
(C) qualifications
(D) ceremonies

- □ **assessment** 名 評価 類 evaluation
- □ **overseas** 形 海外の 副 海外に 類 abroad
- □ **academic** 形 学業の
- □ **internship** 名 インターンシップ
  intern 名 インターン研修生

10. (C) qualifications

1. 選択肢には名詞の複数形が並んでいます。

2. 空欄の前には overseas と academic という2語があります。またその前には An assessment of「～の評価」があります。これらと共に使うことができるのは qualifications「資格」です。overseas academic qualifications で「(海外で働く/海外の大学に行くために必要な大学) 卒業資格」という意味になります。

訳▶ ロンドンでの1年のインターンシップに応募する前に、海外勤務のための卒業資格の評価が必要になる。

Word Network

[A] **apology** 名 謝罪
　● sincere apology「心からの謝罪」は頻出です。
　apologize 動 謝る　**apologize to 人 for A** 人にAのことで謝る

[B] **resignation** 名 辞職
　resign 動 辞職する　**resign from A** Aを辞職する
　● re-「もとに」sign「署名する」、つまり、契約したものをもとに戻す、ということから「辞める」という意味になります。また、retireは「(定年などで) 引退する」という意味です。

[C] **qualification** 名 資格
　qualify 動 ～に資格を与える・資格を得る
　quality 名 質　反 quantity 量
　be qualified to do ～する資格がある
　　類 be entitled to do, be eligible to do
　be qualified for A Aの資格がある・Aに適任である
　　類 be entitled to A, be eligible for A
　● entitledだけ前置詞がtoなので注意。

[D] **ceremony** 名 セレモニー・式典
　● celebrate「動 ～を祝う」、celebration「名 祝典・祝賀」も覚えておきましょう。

| 1 | 月 | 日 | 2 | 月 | 日 | 3 | 月 | 日 | 4 | 月 | 日 | 5 | 月 | 日 |

第3章 頻出名詞問題   089

⏰ 解答目標タイム **10** 秒

11. One of the primary goals of LCC, Inc., is to accommodate a wide ------- of customer needs.

(A) patron
(B) range
(C) contract
(D) rate

□ **primary** 形 主要な 類 main, chief, major, central
　　　　　根本的な 類 basic, essential, elemental, fundamental
　💡 prime-は「最初・第一位」を表す接辞です。首相のことをprime ministerといいますよね。
□ **goal** 名 目標 類 end, aim, purpose, objective
□ **accommodate** 動 〜に対応する・〜を収容する
　accommodate needs ニーズに対応する
　💡 meet needs の言い換えとして出題されたことがあります。

11. (B) range

1. 選択肢には名詞が並んでいます。
2. 空欄の前には a wide、後ろには of があることから、TOEIC では頻出の a wide range of A「幅広い A」の形が入るとわかります。よって range が正解です。

   a wide variety of A、a large variety of A「多種多様なA」
   a wide selection of A 「選択の幅の広いA」
   a complete range of A 「全種類/全範囲のA」

も重要なので覚えておきましょう。

訳 ▶ LCC 社の主要な目的の 1 つに、幅広い顧客のニーズに対応することがある。

Word Network

A **patron** 名 ひいき客
  patronage 名 ひいき・愛顧
  Thank you for your patronage.
  「いつもご利用いただきありがとうございます」

B **range** 名 幅・範囲　動 広がる・及ぶ
  range from A to B　AからBに及ぶ

C **contract** 名 契約
  😀 con-「2つ」tract「引く」➡「お互いが引かれあう」というのが語源です。
   attract ～を引き付ける
     at-「～を」tract「引く」➡「～を引き付ける」
   distract ～をそらす
     dis-「分離」tract「引く」➡「～を引き離す」

D **rate** 名 料金・率・速度
     動 ～を格付けする・～を評価する　類 assess, evaluate
  at the rate of A　Aの割合/速度で
  ratio 名 割合　類 proportion

| 1 | 月 日 | 2 | 月 日 | 3 | 月 日 | 4 | 月 日 | 5 | 月 日 |

第3章 頻出名詞問題　091

解答目標タイム 15 秒

12. After a week-long -------, the entrepreneur Kevin Miyata announced his intention to establish a new chain of restaurants in Switzerland.

(A) deliberation
(B) portion
(C) certainty
(D) privilege

□ **a week-long**　1週間の
□ **entrepreneur**　名 起業家
　enterprise　名 企業・冒険的な事業　類 venture ベンチャー（企業）
　🌏 venture は adventure の ad- の音が消えたものです。
□ **intention**　名 意思
　intention to do　〜をするという意図
　intend to do　〜するつもりだ
□ **establish**　動 〜を設立する　類 found
□ **chain**　名 チェーン店・鎖

12. (A) deliberation

1. 選択肢には名詞が並んでいます。
2. 文意をとると、「起業家のケヴィン・ミヤタが新しいレストランチェーンをオープンする意向を1週間〜の後に発表した」とあります。この文脈に合うのは deliberation「よく考えること・熟考」です。

訳▶ 起業家ケヴィン・ミヤタは、1週間よく考えた後、スイスに新しいレストランのチェーン店を創設する意向を発表した。

Word Network

A **deliberation** 名 熟考 類 consideration
　deliberate 形 慎重な 類 careful
　　　　　　　　意図的な 類 intentional
　deliberately 副 慎重に 類 carefully
　　　　　　　　わざと 類 intentionally, purposely, on purpose
　　　　　　　　反 accidentally 偶然に

　💬 「よく考えて」行動することは、「慎重に」行動するということです。また、「考えて」行動するということは「意図的に」その行動をとるということですね。

B **portion** 名 部分・分け前 類 share　**a portion of A** Aの一部

C **certainty** 名 確実なこと・確信
　certain 形 確実している 類 sure
　　　　　　ある 類 given　**a certain person** ある人
　be certain of A Aを確信している 類 be sure of A
　be certain that SV SがVすると確信している 類 be sure that SV
　be certain to do 確実に〜する 類 be sure to do
　certainly 副 きっと 類 surely, undoubtedly
　Certainly! もちろんです！ 類 Sure! / Of course! / Absolutely!

D **privilege** 名 特権・名誉 類 honor
　privileged 形 特権的な
　be privileged to do 〜できて光栄である 類 be honored to do

Adjectives!

第4章
頻出形容詞問題 17

🔊 4-1 ～ 4-17

形容詞も意味だけでなく使い方も覚えよう!

頻出形容詞問題、17問です。

> 17問 × 20秒 = 340秒 (5分40分)

以内で解きましょう。

中・上級者は、「解答目標タイム」の
合計250秒 (4分10秒) 以内

を目指してください。

解答目標タイム 15 秒

1. The new marketing manager, Glenn Park, is ------- of coordinating many projects simultaneously.

(A) able
(B) praised
(C) capable
(D) proficient

- **manager** 名 管理者・上司 類 supervisor, boss
- **coordinate** 動 ～を調整する
  coordinator 名 コーディネーター
- **project** 名 プロジェクト・事業計画 類 plan
  動 ～を投影する・～を予想する
  projector 名 プロジェクター
  projection 名 映写・予測
- **simultaneously** 副 同時に 類 at the same time

1. (C) capable

1. 選択肢には形容詞と動詞の過去分詞が並んでいます。
2. 空欄の後ろを見ると of doing の形が来ています。
3. この形をとれるのは capable です。be capable of doing で「〜できる」という意味になります。able は to do の形をとります。proficient「熟達した」は be proficient at doing の形をとります。

訳▶ 新しいマーケティングマネジャーのグレン・パークは、多くのプロジェクトを同時にまとめる能力がある。

Word Network

A **able** 形 できる
 be able to do 〜できる 反 be unable to do 〜できない
 ability 名 能力
 ability to do 〜する能力
 enable 動 〜を可能にする
 enable A to do Aが〜するのを可能にする 類 allow A to do
 🔹 通例 -able や -ible で終わる単語は形容詞ですが、enable は動詞なので注意です。

B **praise** 動 〜を称賛する 類 commend 名 称賛(の言葉)
 praise A for B AのBを称賛する 類 commend A for B

C **capable** 形 能力がある 類 competent
 be capable of doing 〜できる
 capability 名 能力
 capability of doing / to do 〜する能力
 capacity 名 能力・容量

D **proficient** 形 熟達した 類 skilled
 be proficient in/at A Aが得意である
 be proficient at doing 〜するのが得意である
 proficiency 名 熟達・技量

解答目標タイム 15 秒

2. Ms. Rogers is proud of being an accountant at Lipton LLP, one of the most ------- law firms in San Diego.

(A) numerous
(B) tremendous
(C) anxious
(D) prestigious

- **be proud of A** Aを誇りに思う
  類 take pride in A, pride oneself on A
  be proud to do ～することを誇りに思う
  be proud that SV SがVすることを誇りにしている
- **accountant** 名 会計士
- **LLP** = limited liability partnership　有限責任事業組合
- **law firm** 法律事務所

2. (D) prestigious

1. 選択肢には -ous で終わる形容詞が並んでいます。
2. 空欄の前には most があるので、最上級の形容詞句が後ろの名詞 law firms「法律事務所」を修飾することがわかります。Ms. Rogers は自分が会計士であることに誇りを持っているので、空欄に入り法律事務所を適切に修飾する形容詞はプラスの意味を持たなければなりません。選択肢でプラスの意味を持つのは prestigious「一流の」です。

訳 ▶ ロジャーズさんは、サンディエゴで最も高名な法律事務所の1つであるリプトン LLP の会計士であることを誇りに思っている。

Word Network

A **numerous** 形 数の多い　類 many
　number 名 数
　numerical 形 数の

B **tremendous** 形 巨大な　類 enormous, huge, vast, immense
　tremendously 副 ものすごく
　tremble 動 震える　類 shiver, quiver, quake
　💡 tremendous は震えるくらい「恐ろしい・すさまじい・莫大な」という意味です。

C **anxious** 形 不安な
　be anxious about A Aを心配している　類 be worried about A
　be anxious for A Aを切望する　類 be keen for A, be eager for A
　💡 後ろにつく前置詞で意味が変わるので注意です。
　be anxious to do 〜をしたいと思う
　　類 be keen to do, be eager to do

D **prestigious** 形 一流の・名声のある
　💡「一流の学校に通っていた」という文脈で何度か登場している単語です。
　prestige 名 名声・威厳

1 月 日　2 月 日　3 月 日　4 月 日　5 月 日

解答目標タイム 15 秒

3. On behalf of Alston & Prichard LLP, we are ------- to inform you that your patent has been approved.

(A) prompted
(B) pleased
(C) verified
(D) impressed

□ **on behalf of A** Aを代表して・Aの代わりに
□ **inform 人 that SV** 人にSがVすると知らせる
□ **patent** 名 特許
□ **approve (of) A** Aを承認する
　🍀 他動詞・自動詞ともにありますが、他動詞は法律などの堅い文脈でよく出てきます。

3. (B) pleased

1. 選択肢には -ed で終わるものが並んでいます。
2. 空欄の後の文脈をとると「特許が承認されたことを伝える」とあるので、be pleased to do「喜んで〜する」が文脈にふさわしいとわかります。言い換え表現の be happy/delighted/glad to do も覚えておきましょう。

訳 ▶ アルストン＆プリンチャード LLP を代表して、お客様の特許が承認されましたことを喜んでお伝えいたします。

Word Network

A **prompt** 動 〜に促す　形 素早い・即座の　名 合図　類 cue
  prompt A to do Aに〜するよう促す
  promptly 副 素早く　類 quickly

B **pleased** 形 喜んでいる
  be pleased with A Aに満足している　類 be satisfied with A
  please 動 〜を喜ばせる　反 displease
  pleasant 形 楽しい・快適な・感じのよい
  pleasure 名 喜び

C **verify** 動 〜が正しいことを証明する
        〜が正しいかどうか確かめる
        〜かどうか確かめる　類 confirm, identify
  verify one's identity 〜の身元を確認する
  verification 名 確証・確認
  ● very- は「真実」を表す接辞です。

D **impressed** 形 感銘を受けた
  be impressed with A Aに感動する
  impressive 形 印象的な
  impress 動 〜によい印象を与える
  impression 名 印象
  ● im-「中に」press「押す」⇒ 心の中に感動を押し込む、というのが語源です。

解答目標タイム 10 秒

4. The instruction manual of the 3DX is easy to read and very ------- even for beginners.

(A) respectful
(B) helpful
(C) successful
(D) doubtful

- □ **instruction manual** 取扱説明書　類 instructions
  instruction 名 指示
  instruct 動 ～を教える・～を指示する
  instructor 名 インストラクター
  manual 名 説明書　形 手作業の　反 automatic, automated 自動の
- □ **A is easy to do**　Aは～しやすい
- □ **even** 副 ～さえ
- □ **beginner** 名 初心者

4. (B) helpful

1. 選択肢には -ful で終わる形容詞が並んでいます。
2. and の前には easy to read「読みやすい」という形容詞からはじまる句があります。helpful「役に立つ」を入れれば「読みやすく初心者にも役立つ」となり意味が通ります。

訳▶ 3DXの取扱説明書は読みやすく、初心者にもとても役に立ちます。

Word Network

A **respectful** 形 礼儀正しい　類 polite
　respectable 形 尊敬すべき・立派な　類 honorable
　respect 動 ～を尊敬する　名 尊敬・点
　in this respect この点で　類 in this regard
　respective 形 それぞれの
　respectively 副 それぞれ

B **helpful** 形 役に立つ　類 of help, of use, useful

C **successful** 形 成功した
　success 名 成功
　succeed 動 成功する・受け継ぐ・～の後任となる
　succeed in A Aに成功する
　succeed to A Aを受け継ぐ　類 take over A
　successive 形 連続する
　succession 名 連続・継承
　● suc-「下に」-ceed「進む」→「継承する」というのが語源です。

D **doubtful** 形 疑わしい　類 dubious, suspicious
　● doubtとsuspectはどちらも「疑う」と訳されますが、大きく異なります。
　　doubt 動 ～ではないと思う
　　suspect 動 ～だと思う
　　I doubt she will come.
　　「彼女は来ないのではないかと思っている」
　　I suspect she will come.
　　「彼女は来るのではないかと思っている」

解答目標タイム **15** 秒

5. The audio-visual equipment in the fifth-floor supply room is ------- exclusively to marketing department personnel.

(A) affordable
(B) available
(C) probable
(D) dependable

- **audio-visual** 形 視聴覚の
- **equipment** 名 設備・器具（不可算名詞）
  - Part 1 に出やすい単語です。
  - **equip** 動 〜を備えつける
- **supply room** 備品室
  - **supply A with B** AにBを供給する
  - 類 provide A with B, furnish A with B
  - **supplement** 名 補足・サプリメント 動 〜を補う
- **exclusively** 副 〜だけ 類 only
- **marketing department** 営業部
- **personnel** 名 職員

5. (B) available

1. 選択肢には -able で終わる形容詞が並んでいます。
2. 主語には equipment「器具」、空欄の後ろには〈to+人〉の形が続いているので、A is available to 人「A は人が使える」の構文だとわかります。affordable「購入しやすい」も置けそうですが、supply room「備品室」の中にあるものは社員が売買するものではないのでここには置けません。

訳▶ 5階の備品室にある視聴覚機器はマーケティング部の職員のみ使用できる。

Word Network

A **affordable** 形 購入しやすい・手頃な
　類 cheap, inexpensive, reasonable
　affordable price 手頃な値段
　afford 動 (お金・時間に) 余裕がある
　cannot afford to do 〜する余裕がない

B **available** 形 利用できる・入手できる
　Is this seat available?「この席は空いていますか」
　😊「予定が空いている (= free)」の意味で人にも使います。
　Are you available tonight?「今晩暇ですか」

C **probable** 形 ありそうな・可能性が高い
　probable candidate 予想される候補者
　😊 選ばれる可能性が高いということです。
　probably 副 おそらく 類 most likely

D **dependable** 形 信頼できる 類 reliable
　😊 dependable car「信頼できる車」というフレーズで出題されました。
　dependent 形 依存している
　be dependent on A Aに依存している
　He is still dependent on his parents.「彼はまだ親に依存している」
　　反 be independent of A Aから独立している
　independently 副 独立して　**independence** 名 独立

1 月 日 2 月 日 3 月 日 4 月 日 5 月 日

解答目標タイム 15秒

6. All of the patients in this hospital are properly instructed about the ------- amount of medicine to take.

(A) appropriate
(B) immediate
(C) spacious
(D) delicious

□ **patient** 名 患者 形 忍耐力のある
　patience 名 忍耐・忍耐力
□ **properly** 副 適切に
　proper 形 適切な
□ **instruct** 動 ～に指示する
　instruction 名 指示
□ **amount** 名 量 類 quantity

🔊 医者・薬に関する単語

□ **medicine** 名 薬・医学
　medical 形 医学の
　pharmacy 名 薬局 類 drug store
　physician 名 医者・内科医 類 doctor
　🔊 リスニングにこの語を知らないと解けない問題が出たことがあります。
　surgeon 名 外科医
　surgery 名 手術
　dentist 名 歯医者
　dental 形 歯の　dental appointment 歯医者の予約
　dent 名 くぼみ 動 ～をへこませる

6. (A) appropriate

1. 選択肢には -ate と -ous で終わる形容詞が並んでいます。
2. 空欄の後ろを見ると amount of medicine という名詞句が続いています。よって、ここに appropriate「適切な」を入れれば「薬の適切な量」となり意味が通ります。

訳▶ この病院の患者は皆、薬の適切な服用量についてきちんと指示を受けています。

Word Network

A **appropriate** 形 適切な 動 〜を充当する
- 形容詞の場合は -ate「アット」、動詞の場合は -ate「エイト」のように発音されます。
  類 proper, suitable, fit 反 inappropriate 不適切な
be appropriate for/to A Aにふさわしい 類 be suitable for A
appropriate A for B AをBに充てる
  類 set aside A for B, allocate A for B
appropriate the funds for renovation「資金を改装に充てる」
appropriately 副 適切に 類 properly
- appropriateもproperもpropr-「自分自身」が入っており、「自分自身に合うもの」と覚えておくと覚えやすいです。

B **immediate** 形 即座の
immediate action 緊急行動
immediately 副 すぐに 類 right away, at once, soon
immediately after A Aのすぐ後に
  類 soon after A, shortly after A
- どれもafterと相性がよくTOEICによく出題されます

C **spacious** 形 広い
spacious room 広々とした部屋
space 名 空間・宇宙
- 不可算名詞の room にも「スペース」の意味があります。
make room for A Aのためのスペースをあける

D **delicious** 形 おいしい

| 1 | 月 | 日 | 2 | 月 | 日 | 3 | 月 | 日 | 4 | 月 | 日 | 5 | 月 | 日 |

⏰ 解答目標タイム 10 秒

7. Some common software programs are not currently ------- with the newly released operating system.

(A) compatible
(B) substantial
(C) normal
(D) overseen

- **common** 形 一般的な・よくある・共通の
- **currently** 副 現在
- **newly** 副 新しく
- **release** 動 〜を発売する　類 launch

7. (A) compatible

1. 選択肢には形容詞と動詞の過去分詞が並んでいます。

2. 文の主語は software programs「ソフトウェアプログラム」、動詞は are という be 動詞、そして空欄の後ろには前置詞 with と the ... operating system「オペレーティングシステム」が来ています。よって、ここに compatible を入れて be compatible with A「Aと互換性がある」という形を作れば、「ソフトウェアはオペレーティングシステムと互換性がない」となり、文法上も意味上も適切な形ができあがります。

訳 ▶ 一般的なソフトウェアプログラムの中には、新しく発売されたオペレーティングシステムとは現在互換性がないものもある。

Word Network

A **compatible** 形 互換性がある
  be compatible with A Aと互換性がある・Aと仲良くやっていける・Aと矛盾しない
  compatibility 名 互換性・両立性
  😊 例えばWindowsのパソコン用のソフトがMacでは動かなかった場合「このソフトはMacとは互換性がない」と言います。

B **substantial** 形 かなりの 類 significant, considerable
  substantial growth かなりの成長
  substantially 副 かなり
  substance 名 物質・材料 類 material

C **normal** 形 標準の・正常な 反 abnormal 異常な
  normally 副 ふつうは・標準的に **norm** 名 基準・標準
  😊 日本語の「ノルマ」は英語では quota といいます。

D **oversee** 動 ～を監視する 類 supervise
  oversight 名 見落とし 類 omission, mistake, error
         監督 類 supervision
  😊 over-「上から」-sight「見ること」には、上から「監視」すると上から見て「見過ごし」てしまうと、意味が2つあります。

| 1 | 月 | 日 | 2 | 月 | 日 | 3 | 月 | 日 | 4 | 月 | 日 | 5 | 月 | 日 |

⏰ 解答目標タイム 10 秒

8. The introduction of the new system has made a ------- difference in this quarter's sales.

(A) valuable
(B) significant
(C) preventive
(D) cautious

□ **introduction** 名 導入・紹介
 introduce 動 〜を導入する・〜を紹介する
 introductory 形 紹介の・入門の
 🙂 introductory offer「特別提供価格」は新発売の製品の導入価格や、初めて購入する人に向けての特別価格という意味です。
□ **quarter** 名 四半期・4分の1

8. (B) significant

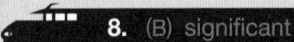

1. 選択肢には -able, -ant, -ive, -ous で終わる形容詞が並んでいます。
2. make a difference「違いを生じる」の difference を適切に修飾できるのは significant「重要な」だけです。

It makes no difference to me.「私にはどうでもいいことだ」

類 It doesn't matter to me. も覚えておきましょう。

訳▶ 新しいシステムの導入により、この四半期の売り上げに大きな違いが生じた。

Word Network

A **valuable** 形 価値のある
　valuables 名 貴重品
　value 名 価値　動 ～を重視する
　invaluable 形 非常に価値のある

B **significant** 形 重大な・重要な　類 important, meaningful
　　　　　　　　　　かなりの　類 substantial, considerable
　significantly 副 著しく　類 strikingly, remarkably, notably
　significance 名 重要性　類 importance
　signify 動 ～を表明する・～を意味する
　sign 名 記号・看板・標識　動 ～に署名する
　signature 名 署名

C **preventive** 形 予防の　**prevention** 名 予防
　prevent 動 ～を妨げる　**prevent A from doing** Aに～させない
　　類 keep A from doing, stop A from doing, discourage A from doing, deter A from doing, prohibit A from doing

D **cautious** 形 用心深い・慎重な　類 careful
　cautiously 副 用心して　類 carefully
　caution 名 用心　動 ～に警告する
　caution A about B AにBについて警告する
　precaution 名 予防　類 prevention

解答目標タイム 15秒

9. Even though Ms. Palmer is still regarded as a ------- designer, she contributes to many important projects at Graphart Ltd.

(A) novice
(B) critical
(C) restored
(D) prohibitive

- **regard A as B** AをBだと見なす　顮 think of A as B, look on A as B
- **contribute to A** Aに貢献する
  -tributeのつく単語はtoと相性がいいものが多いです。
  contribute A to B AをBに捧げる・寄付する
  attribute A to B AはBが原因だと思う
  distribute A to B AをBに配る
  -tributeには「捧げもの・感謝のしるし」という意味があります。
  😊 尊敬する歌手の方に捧げるCDアルバムを「トリビュート・アルバム」といいますね。

9. (A) novice

1. 選択肢には名詞を修飾できるものが並んでいます。最近のTOEICでは名詞を修飾することのできる名詞が形容詞と一緒に並ぶことがあります。
2. 空欄の後ろには designer という人が来ています。
3. また、文意をとると「まだ〜なデザイナーとみなされているが、多くの重要なプロジェクトに貢献している」とあるので名詞の novice「新米」を入れて「新米デザイナー」とすれば意味が通ります。novice は名詞なので、単体で使うことも多いですが、このように名詞の前に置いて使うこともできます。

訳▶ パルマーさんはまだ新米デザイナーだと見なされているが、グラファート社の多くの重要なプロジェクトに貢献している。

Word Network

A **novice** 名 初心者・新米
 novel 形 真新しい 名 小説
 🔵 nov-は「新しい」という意味なので覚えやすいです。

B **critical** 形 批判的な・批評の・重大な 類 essential
 🔵 両方の意味が問われるので要注意です。
 critic 名 批評家・評論家 類 reviewer
 🔵 critic, reviewer は Part 7 に頻出です。
 critically 副 批判的に
  非常に・決定的に・危険なほどに
 critically ill 重体の

C **restore** 動 〜を修復する・〜を回復させる
 restoration 名 修復・復元

D **prohibitive** 形 阻止するための・法外な値段の
 prohibit 動 〜するのを禁止する
 prohibit A from doing Aが〜するのを妨げる
  類 prevent/deter A from doing
 prohibition 名 禁止（令）

⏰ 解答目標タイム 20 秒

10. The project manager of the research and development department has an obligation to keep the highly sensitive information -------.

(A) overwhelming
(B) innovative
(C) secure
(D) competitive

□ **research and development department** 研究開発部
　🔸 research and development はよくR&Dと略されます。
□ **obligation** 名 義務
　obligatory 形 義務的な
　　類 compulsory, mandatory　反 optional, elective 任意の
□ **sensitive** 形 極秘の・敏感な　反 insensitive 鈍感な
　be sensitive to A Aに敏感だ
　sense 名 感覚　動 ～を感じる

10. (C) secure

1. 選択肢には形容詞が並んでいます。
2. 空欄前部の文の構造を見ると keep the...information ------- という keep O C「O (情報) を C のままにする」という構文だとわかります。O と C には主語述語の関係が成り立ちます。「情報」が innovative「革新的な」や competitive「競争的な」というのはおかしいですし、機密情報を overwhelming「圧倒的な」ままにするというのも変です。secure「安全な」であれば「機密情報を安全な状態にしておく」となり意味が通ります。

訳▶ 研究開発部のプロジェクト・マネージャーは、機密情報を安全な状態にしておく義務がある。

Word Network

A **overwhelming** 形 圧倒的な
  overwhelmingly 副 圧倒的に
  overwhelm 動 ～を圧倒する
  be overwhelmed with A A に圧倒される・困惑する

B **innovative** 形 革新的な・刷新的な
  innovation 名 刷新・導入
  innovate 動 ～を導入する
  ● in-「中に」nova「新しい」-ate「する」⇒「新しいものを取り入れる」というのが語源です。

C **secure** 形 安全な 類 safe 動 ～を獲得する 類 obtain
  security 名 安全性 類 safety

D **competitive** 形 競争力のある・競争的な・安い
    類 affordable, reasonable
  compete 動 競争する
  compete with A A と競争する
  competition 名 競争・試合
  ● ゴルフコンペのコンペは competition の略です。

第4章 頻出形容詞問題　115

⏰ 解答目標タイム 15 秒

11. Although a lot of research supports Manelli's hypothesis, a ------- conclusion cannot be made until after further studies are performed.

(A) convinced
(B) robust
(C) flexible
(D) luxury

□ **hypothesis** 名 仮説　hypotheses（複数形）
□ **conclusion** 名 結論
□ **until after A**　Aの後までは
🔹 このようにuntilの後ろには時間を表す前置詞や接続詞のかたまりを置くことができます。
□ **perform** 動 〜を行う　類 conduct

11. (B) robust

1. 選択肢には形容詞が並んでいます。
2. 空欄の後ろには conclusion「結論」という名詞が来ています。この語と相性がいいのは robust「頑丈な・しっかりした」です。robust conclusion で「確固とした結論」という意味になります。convinced「確信している」は convincing「説得力のある」であれば conclusion を修飾できます。このように -ing と -ed を逆にしたひっかけはよく出ます。

訳▶ 多くの研究がマネリの仮説を支持しているが、さらなる研究が行われるまでは確固とした結論を出すことはできない。

Word Network

A **convinced** 形 確信した
 be convinced of A Aを確信している 類 be confident of A
 be convinced that SV SがVすると確信している
       類 be confident that SV
 convincing 形 説得力のある
 convince 動 〜を説得する 類 persuade
 convince A to do Aに〜するよう説得する 類 persuade A to do
 convince A of B AにBを納得させる 類 persuade A of B
 convince A that SV AにSがVすると確信させる
       類 persuade A that SV

B **robust** 形 頑丈な 類 sturdy
   強力な・力強い 類 strong
 robustly 副 丈夫に・しっかりと 類 sturdily
   断固とした 類 strongly
 robustness 名 頑丈さ

C **flexible** 形 柔軟な
 「スケジュールを柔軟に変更できる」という意味でよく出てきます。

D **luxury** 名 贅沢・贅沢品 形 贅沢な
 luxurious 形 贅沢な・豪華な

| 1 | 月　日 | 2 | 月　日 | 3 | 月　日 | 4 | 月　日 | 5 | 月　日 |

解答目標タイム 15 秒

12. Participation in the upcoming hospitality seminar is strictly ------- but highly recommended.

(A) conventional
(B) challenging
(C) imaginative
(D) voluntary

- **participation in A** Aへの参加
- **upcoming** 形 今度の・来たる
- **hospitality** 名 ホスピタリティ・もてなし
  - ホテルなど観光・旅行関係の業界のことをhospitality industry「ホスピタリティ業界」といいます。TOEICでも登場するので覚えておきましょう。
- **highly** 副 高く・非常に
  - 何かを高く評価するときなどによく使われる表現です。
    highly respected 高く尊敬される
    highly recommended 強くすすめられている
    highly regarded 高く評価される

12. (D) voluntary

1. 選択肢には形容詞が並んでいます。

2. 空欄の前には be 動詞と strictly という副詞があり、主語は Participation「参加」です。よって、ここに voluntary「任意の」を入れれば、「参加は完全に任意である」となり意味が通ります。strictly は「厳しく」という意味なので通常 prohibited「禁止された」、regulated「制限された」のような制限を表す語句と相性がいいのですが、voluntary は例外です。ネイティブスピーカーの中にも strictly voluntary という表現は矛盾しているように感じる人もいますが TOEIC に出題されたことがあります。

訳 ▶ 今度のホスピタリティセミナーへの参加は完全に任意であるが大いに推奨されるものだ。

Word Network

A **conventional** 形 従来の・伝統的な　類 traditional
　convention 名 習慣・コンベンション

B **challenging** 形 やりがいのある
　challenge 名 課題・挑戦・異議
　　　　　　　動 ～について異議を唱える・(人) に挑戦する
　● 「挑戦する」の意味の場合、目的語は人なので要注意です。日本語のように「フルマラソンにチャレンジする」といったように使うことはできません。

C **imaginative** 形 想像性豊かな・想像力に富んだ
　imaginary 形 想像上の
　imaginable 形 想像できる
　imagination 名 想像
　imagine 動 ～を想像する

D **voluntary** 形 自発的な
　voluntarily 副 自発的に
　volunteer 名 ボランティア　動 ～を進んで引き受ける

解答目標タイム 15 秒

13. Located near Angler Lake, Hillcrest Hotel has a ------- view that makes it a first choice for accommodations in the region.

(A) breathtaking
(B) professional
(C) probable
(D) validated

□ **view** 名 景色・視界・見解
□ **first choice for A** Aの第1候補
□ **accommodations** 名 宿泊施設
□ **region** 名 地域 類 area

13. (A) breathtaking

1. 選択肢には形容詞が並んでいます。
2. 主語はホテルで空欄の後ろには view「風景」という名詞があります。この名詞と相性がいい breathtaking「息をのむほど美しい」を入れて、「ホテルが美しい景色を持っている」＝「ホテルから美しい景色が見える」とすれば文意に合います。

訳 ▶ アングラー湖の近くに位置しており、ヒルクレスト・ホテルは地域で宿泊施設の第1候補に選ばれる理由となっている息をのむような美しい景色を見ることができる。

Word Network

A **breathtaking** 形 息をのむほど美しい
  breathtakingly 副 ものすごく・驚くほど

B **professional** 形 専門職の 名 専門家
  in a professional manner プロらしく
  professionally 副 プロとして・巧みに
  profession 名 職業 類 occupation, vocation

C **probable** 形 ありそうな
  probably 副 おそらく 類 most likely
  💬 most likelyは設問によく出てきますが、「おそらく」の意味だということを知らない受験者は非常に多いです。
  probability 名 可能性 類 possibility

D **validated** 形 有効な・認証された
  💬 英語のサイトで新しいアカウントを作って本人確認が済むとYour account is now validated.「アカウントが認証されました(有効になりました)」と出てくることが多いです。
  validate 動 〜を認証する・〜を妥当と認める
  validity 名 妥当性・効力
  valid 形 有効な 類 effective, good
  　　　　　　　　 反 invalid 無効な

1 月 日 2 月 日 3 月 日 4 月 日 5 月 日

解答目標タイム 20 秒

14. Derek added a brief ------- description concerning the benefits package to the employment page of FMX, Inc's Web site.

(A) advisable
(B) considerable
(C) complimentary
(D) supplementary

- **add A to B**　AをBに加える
  - 🗨 本問題ではAが a brief から package まで、Bが to 以下の部分です。
- **description**　名 説明・描写・記述
  - **describe**　動 ～を記述する・～を描写する
- **concerning A**　Aに関する
  - 類 regarding A, in regard to A, with regard to A
  - **concern**　動 ～に関係する・～を心配させる
  - be concerned about A　Aについて心配する
  - be concerned that SV　SがVすると懸念する
- **benefit(s) package**　福利厚生
- **employment**　名 雇用
  - **employ**　動 ～を雇う　類 hire, recruit

14. (D) supplementary

1. 選択肢には -able と -ary で終わる形容詞が並んでいます。
2. 空欄の後ろには description「説明」という名詞が来ています。この名詞を適切に修飾できるのは supplementary「補足の」です。

訳 ▶ デレックは、福利厚生に関する短い補足説明をFMX社のウェブサイトの求人情報ページに加えた。

Word Network

A **advisable** 形 賢明な・望ましい

It is advisable for those wanting to go to Mt. Fuji to transfer at Shinjuku Station.
「富士山に行きたい人は新宿駅で乗り換えたほうがいいです」

advise 動 ～に助言する

advise A to do Aに～するよう助言する

advice 名 助言

🙂 動詞が -se で名詞が -ce なので見間違えに注意です。

advisor 名 顧問・アドバイザー

B **considerable** 形 かなりの 類 substantial, significant

considerably 副 かなり 類 substantially, significantly

considerate 形 思いやりのある 反 inconsiderate 思いやりのない

C **complimentary** 形 無料の 類 free

🙂 complementary「補足的な」とスペルがややこしいので注意が必要です。

complimentary refreshments 無料の軽食

🙂 refreshments に「軽食」という意味もあることを知らないと food という答えを選べない問題が Part 7 に出題されています。動詞の refresh「～を元気づける・元気を回復する」も重要です。

D **supplementary** 形 補足の 類 additional, extra

supplement 名 補足 動 ～を補う

supply 動 ～を供給する 類 provide, furnish

解答目標タイム 15 秒

15. During her presentation, local dietician Janine Harris demonstrated her ------- knowledge of the culinary arts.

(A) tentative
(B) various
(C) countless
(D) comprehensive

- **presentation** 名 プレゼンテーション
  make/give a presentation プレゼンテーションをする
  present 動 〜を送る 名 プレゼント・現在
  　　　　 形 現在の
  　　　　　　 出席している・存在している
  🔶 形容詞が「現在の」という意味の場合は、present situation「現状」のように前から名詞を修飾します。「出席している」の意味の場合は、people present「出席している人々」というように後ろから名詞を修飾します。
- **dietician** 名 栄養士
  diet 名 食事・ダイエット
- **demonstrate** 動 〜を実演する
  demonstration 名 実演・デモ
- **culinary** 形 料理の
  culinary school 料理学校
- **art** 名 技術 類 skill, craft
  　　 芸術

15. (D) comprehensive

1. 選択肢には形容詞が並んでいます。

2. 空欄の前には所有格、後ろには名詞が来ているので、後ろの名詞 knowledge を適切に修飾するものを選びます。

3. comprehensive「包括的な、幅広い」を入れれば、comprehensive knowledge「幅広い知識」となり意味が通ります。言い換え表現の extensive knowledge もよく出てきます。various「様々な」や countless「数え切れないほど多くの」の後ろには複数形の名詞が来ます。

訳 ▶ 地元の栄養士ジェニー・ハリスは、プレゼンテーションの間に、彼女の料理技術に関する幅広い知識を披露した。

Word Network

A **tentative** 形 仮の・一時的な 類 temporary

🔸 attentive「注意深い」とスペルが似ているので要注意です。

B **various** 形 様々な 類 diverse **varied** 形 様々な

🔸 variousの後ろには必ず複数名詞が来ますが、variedは〈varied 複数名詞〉と、〈a varied 単数名詞〉の形をとることができます。

vary 動 異なる 類 differ **variety** 名 多様性 類 diversity

a variety of A 様々なA 類 a selection of A, a range of A

C **countless** 形 数え切れないほど(多く)の 類 innumerable

count 動 ～を数える・重要である 名 数えること

A count as B AはBと見なされる

Polite manners count as important in business.
「きちんとしたマナーはビジネスでは重要視される」

count on A Aに頼る 類 depend on A, rely on A

D **comprehensive** 形 包括的な 類 inclusive
　　　　　　　　　　　幅広い 類 extensive

comprehend 動 ～を理解する 類 understand, grasp

comprehension 名 理解(力)

解答目標タイム 10 秒

16. Mr. Johnson was hired to mediate and resolve the ------- negotiations, which have adversely affected company operations.

(A) sizable
(B) nutritional
(C) pending
(D) contrary

- **hire** 動 ～を雇う 類 employ, recruit
- **mediate** 動 ～を調停する
  - medium「中間」とスペルが似ているので「間に入る」とイメージすると覚えやすいです。
- **resolve** 動 ～を解決する 類 solve
  ～を決心する
- **negotiation** 名 交渉
  negotiate 動 交渉する
- **adversely** 副 悪く・逆に
  adverse 形 有害な・逆の
- **affect** 動 ～に影響する
  effect 名 影響 類 influence, impact
- **operation** 名 営業・活動

16. (C) pending

1. 選択肢には形容詞が並んでいます。
2. 空欄の後ろには negotiations「交渉」が来ています。この語と相性のいい名詞は pending「未解決の」です。pending negotiation「未解決の交渉」というフレーズはぜひ覚えておきましょう。

訳▶ 会社の運営に弊害となっている未解決の交渉を調停し解決するためにジョンソンさんは雇われた。

Word Network

A **sizable** 形 相当の大きさの・かなりの
  🔹 sizeableというスペルで書かれることもあります。
  size 名 大きさ

B **nutritional** 形 栄養の・栄養学の
  nutrition 名 栄養・栄養摂取
  nutritionist 名 栄養士
  🔹 栄養学関係の単語は非常に登場回数が多くなりました。

C **pending** 形 未解決の・未決定の・差し迫っている
  類 imminent, pressing
  🔹 pendは「ぶら下がっている」ことを表す接辞です。「宙ぶらりんである」→「未解決の・未決定の」という意味とつなげやすいです。

D **contrary** 形 反対の 名 反対
  contrary to A Aに反して
  on the contrary それどころか
  contrarily 副 反対に
  contrast 名 対照・対比 動 対照をなす・〜を対比する
  in/by contrast 対照的に
  contradictory 形 矛盾した・反対の
  contradict 動 〜を否定する
  contradiction 名 否定・矛盾

解答目標タイム 20 秒

17. The internship that Axion, Inc., offers will be ------- in finding a job on your desired career path.

(A) striking
(B) obsolete
(C) feasible
(D) instrumental

- □ **internship** 名 インターンシップ
  intern 名 インターン研修生
- □ **desired** 形 望まれた
  desire 動 〜を望む 名 欲望
- □ **career path** 経歴・進路・昇進の道
  path 名 小道・歩道 類 way
  by way of A 前 Aを経由して 類 via A
  pedestrian road 歩行者用道路
  - 😊 pedestrian「歩行者」は Part 1 でよく出てくる単語です。ped-は「足」を表します。pedal「ペダル」、pedicure「ペディキュア」などが日本語になっていますね。

17. (D) instrumental

1. 選択肢には形容詞が並んでいます。

2. 空欄の前に be、後ろに〈in +動詞の -ing形〉があるので be instrumental in doing「〜するのに役立つ・関与する」という表現を知っていれば instrumental を選べます。

   文全体の主語は The internship で、後ろから関係代名詞のかたまりが修飾しています。

   The internship (that Axion, Inc., offers) will be instrumental....
   　　S　　　　　　関係代名詞節　　　　　　　　V　　　 C

訳▶ アクシオン社が提供するインターンシップは、望ましい経歴の仕事を見つけるのに役に立つだろう。

Word Network

A **striking** 形 目覚ましい・印象的な

　strikingly 副 際立って

　strike 動 〜を打つ・ストライキをする　名 ストライキ・攻撃

　go on strike ストライキをする

B **obsolete** 形 時代遅れの・すたれた

　類 out-of-date, outdated　反 current 流行している

　💬 言い換えの outdated も問われたことのある表現なので、覚えておきましょう。

　obsolescence 名 すたれること

C **feasible** 形 実行可能な　類 viable

　💬 出題されたときはこの語を知らなくて困った人が多かったようです。言い換え表現の viable もよく出てきます。

　feasibility 名 実行可能性　類 viability

D **instrumental** 形 役に立つ

　instrument 名 道具・器具・楽器

　💬 Part 1 の写真問題では「楽器」の意味でよく登場します。
　A man is playing an instrument.「男性が楽器を演奏している」

Adverbs!

第5章
頻出副詞問題 17

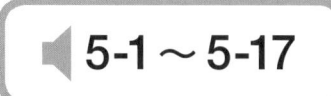

5-1 ～ 5-17

よく出る副詞を
修飾相手と共に
覚えよう！

頻出副詞問題、17問です。

17問 × 20秒 = 340秒 (5分40分)

以内で解きましょう。

中・上級者は、「解答目標タイム」の
合計265秒 (4分25秒) 以内

を目指してください。

解答目標タイム 20秒

1. Nelson Lionet goes abroad on business trips ------- as he works for a foreign trading company.

(A) likely
(B) frequently
(C) reportedly
(D) widely

- **abroad** 副 海外に 類 overseas
  - 通常副詞で使うので go to abroad のように to をつけてはいけません。go abroad, travel abroad のように使います。
  - **broad** 形 広い 類 wide
  - **broaden** 動 〜を広げる
- **business trip** 名 出張
  - **go on a trip** 旅行する
- **foreign** 形 外国の
  - **foreigner** 名 外国人
- **trading company** 貿易会社・商社
  - **trade** 名 取引・貿易 動 〜を交換する・〜を取引する

1. (B) frequently

1. 選択肢には -ly で終わる副詞が並んでいます。
2. as 以下を読むと「海外の商社に勤めている」とあるので、frequently「よく」をいれれば goes abroad frequently「海外によく行く」となり意味が通ります。

訳▶ ネルソン・ライオネットは、外国商社に勤めているので、海外へ出張することがよくある。

Word Network

A **likely** 副 おそらく　形 ありそうな
  be likely to do 〜するようだ・〜しがちだ
   反 be unlikely to do 〜しそうもない
  🍀「〜する傾向がある」という意味の表現はたくさんあります。
   tend to do, be likely to do, be apt to do, be liable to do,
   be prone to do (liable と prone は望ましくない傾向に使う)

B **frequently** 副 よく・頻繁に　類 often
  frequent 形 頻繁な

C **reportedly** 副 伝えられるところでは
  report 動 報告する　名 報告書

D **widely** 副 広く
  🍀 widely accepted(/received)「広く受け入れられている」、widely used「広く使われている」など、過去分詞とともによく使われます。
  width 名 広さ
  wide 形 広い　類 broad
  🍀「様々なA」という表現はたくさんあります。以下の5つは確実に覚えておきましょう。
   a wide variety of A
   a wide selection of A
   a wide range of A
   a wide array of A
   a wide assortment of A

第 5 章 頻出副詞問題　133

⏰ 解答目標タイム 15 秒

2. After being transferred to the Atlanta branch, Randy Wilkins started producing ------- successful results.

(A) selectively
(B) harshly
(C) thoughtfully
(D) immensely

□ **be transferred to A** Aに異動する
　🌱 transfer B to A「BをAに移す」の受け身です。
　　trans-「〜を越えて」-fer「運ぶ」というのが語源です。
□ **branch** 名 支社・支店
　headquarters 名 本社　類 head office, main office
□ **start doing** 〜しはじめる　類 start to do
□ **result** 名 結果

🌱 **-fer「運ぶ」を使った重要語はたくさんあります**
　offer　of-「相手に」-fer ➡「〜を提供する」
　refer　re-「元へ」-fer ➡「参照する」
　infer　in-「(心の)中へ」-fer ➡ あることを基にして「推測する」
　prefer pre-「前に」-fer ➡ より好きなものを自分の前に運ぶ ➡「好む」
　differ dif-「分離」して-fer ➡「異なる」

2. (D) immensely

1. 選択肢には副詞が並んでいます。
2. 空欄の後ろには successful「成功した・うまくいった」という形容詞があります。この形容詞と相性がいいのは immensely「莫大に・非常に」です。日本語だと「莫大に成功した」というのは少し違和感がありますが immensely successful はよく使われるフレーズで「非常に成功した」といった感じの意味になります。

訳▶ アトランタ支社に異動後、ランディー・ウィルキンズは非常によい結果を挙げはじめた。

Word Network

A **selectively** 副 抜粋して・選択的に
  selective 形 選択が慎重な・選択の・限定した
  select 動 〜を選ぶ 形 極上の・特別に選ばれた
  selection 名 選択・選ばれたもの/人

B **harshly** 副 厳しく・無情に
  harsh 形 厳しい・過酷な 類 cruel, severe
       粗い 類 rough
  harsh criticism 厳しい批判
       類 severe/bitter/sharp/fierce criticism
  harsh weather 過酷な天候 類 severe weather

C **thoughtfully** 副 考え込んで・用心深く・親切に
  thoughtful 形 考え込んでいる・親切な 類 kind, considerate
  That's very thoughtful of you.「ありがとう」
  be thoughtful of/about A Aに気を付ける
       類 be careful of/about A

D **immensely** 副 莫大に・非常に 類 extremely
  immense 形 莫大な 類 enormous, tremendous, huge, vast
  immense amount 莫大な量
  🔎 im-「否定」-mense「計る」➡「計ることができない」というのが語源です。

⏰ 解答目標タイム 20 秒

3. The new low-cost carrier Northwest Airways is ------- showing a strong presence in the industry.

(A) well
(B) quite
(C) yet
(D) already

□ **low-cost carrier** 格安航空会社
　🙂 日本ではこの頭文字をとったLCCという言葉が定着していますね。
□ **show a presence** 存在感を示す

3. (D) already

1. 選択肢には副詞が並んでいます。
2. 空欄の前には be 動詞の is、後ろには showing という動詞の -ing 形があります。現在進行形 is doing の間に入って使われるのは already「すでに」です。already は have already done「すでに〜した」という完了形と共に使われるのが有名ですが、現在進行形とも使えることを覚えておきましょう。

訳▶ 新しい格安航空会社のノースウエスト・エアウェイズはすでに業界に強力な存在感を示している。

Word Network

A **well** 副 上手に・うまく・十分に 形 健康な

B **quite** 副 とても 類 very まったく 類 completely
　quite a 形容詞 名詞 かなりの〜・まったく〜
　quite a long time とても長い時間
　💬 冠詞の前に置くことができるというのがポイントです。

C **yet** 副 (否定文で) まだ／(疑問文で) もう 接 しかし 類 but
　He hasn't finished the assignment yet.
　「彼はまだその課題を終わらせていません」
　Has he finished the project yet?
　「彼はそのプロジェクトをもう終わらせましたか」
　have yet to do まだ〜していない 類 have not done yet,
　　　　　　　　　　　　　　　　　　　　still have not done
　💬 yetは否定語の後ろに置かれますが、still have not doneというようにstillは否定語より前に置かれます。また simple yet elegant「シンプルだがエレガント」といった接続詞の yet もよく出題されます。

D **already** 副 もう・すでに
　ready 形 準備のできた
　be ready to do 〜する準備ができている

解答目標タイム 15 秒

4. Due to time constraints, Mr. Larson will only ------- explain how to use the app for designing social media campaigns.

(A) potentially
(B) briefly
(C) indefinitely
(D) distinctly

- **constraint** 名 制約・抑制　類 restraint
  constrain 動 〜を制約する・〜を抑制する
- **app** 名 アプリケーション (applicationの略)
- **social media** ソーシャルメディア

4. (B) briefly

1. 選択肢には -ly で終わる副詞が並んでいます。
2. 空欄の前には only、後ろには explain「〜を説明する」という動詞があります。これらと相性のいい briefly「簡潔に・手短に」を入れれば、「ごく手短に説明する」という文法上も意味上も正しい形が出来上がります。

訳 ▶ 時間が限られているため、ラーソンさんはソーシャルメディアのキャンペーンをデザインするのにアプリをどのように使うのかをごく手短に説明する。

Word Network

A **potentially** 副 潜在的に
  potential 形 見込みのある 類 possible, likely
       名 見込み 類 possibility
          才能 類 talent, aptitude
  potential customer 見込み客
  💡「お客になってくれそうな人」のことで、よく登場します。

B **briefly** 副 簡潔に・一時的に
  brief 形 短時間の・簡潔な brief conversation 短い会話

C **indefinitely** 副 無期限に 類 forever
         漠然と 反 definitely はっきりと
  indefinite 形 決まっていない(期間/数量)・ぼんやりした 類 vague
    反 definite 形 明確な 類 clear 確信して 類 confident
  define 動 〜を明確にする・〜を定義する
  💡 fine「境界」を定める➡「はっきりさせる」というのが define の語源です。

D **distinctly** 副 独特に
  distinct 形 別個の 類 separate, different, individual
       はっきりした 類 clear
  distinction 名 区別
  make/draw a distinction between A and B
  A と B の区別をつける

解答目標タイム 15 秒

5. After compiling the data, Mr. Roswell's team will be ------- analyzing the results to identify correlations.

(A) formerly
(B) agreeably
(C) fortunately
(D) thoroughly

□ **compile** 動 〜を編纂する
□ **analyze** 動 〜を分析する
　analysis 名 分析
□ **identify** 動 〜を特定する
□ **correlation** 名 相関関係

5. (D) thoroughly

1. 選択肢には -ly で終わる副詞が並んでいます。
2. 空欄の後ろには analyzing という analyze「分析する」の動詞の -ing 形があります。この動詞と相性がいいのは thoroughly「徹底的に」です。formerly は「かつては」という意味で過去形の動詞と使うので未来進行形 (will be doing) とは使えません。

訳▶ データを編集した後で、ロズウェルさんのチームは相関関係を特定するため結果を綿密に分析する。

Word Network

A **formerly** 副 かつては　類 previously
　former 形 前者の　反 latter 後者の

B **agreeably** 副 快く
　agreeable 形 受け入れられる・ふさわしい
　agree 動 賛同する
　agree with A　A に賛同する
　💭「A (人・意見・声明) と同じ意見である」という意味です。
　agree to A　A に同意する
　💭「A (提案・条件・要求) をのむ」という意味です。
　agreement 名 同意　類 consent, approval
　written agreement　書面による同意

C **fortunately** 副 幸運にも　反 unfortunately 残念ながら
　fortunate 形 幸運な　反 unfortunate 不運な
　fortune 名 運・大金

D **thoroughly** 副 徹底的に・完全に　類 completely, entirely, utterly
　thorough 形 徹底的な・完全な
　thorough analysis　徹底的な分析
　💭 前置詞の through に「〜に至るまで・〜じゅうに」という意味があるので、つなげて覚えておきましょう。

1 月 日　2 月 日　3 月 日　4 月 日　5 月 日

第5章 頻出副詞問題　141

⏰ 解答目標タイム **10秒**

6. ------- everyone can take part in the workshop as long as they are off duty at the time.

(A) Fairly
(B) Nearly
(C) Sturdily
(D) Suitably

- □ **take part in A**　Aに参加する
  　類 participate in A, attend A
- □ **workshop**　名 ワークショップ・研修会
- □ **as long as SV**　SがVする限りは
  - 👤 as far as SV「SがVする範囲では」とごっちゃになってしまう人が多いですが、as long as には if「もし～なら」という意味が含まれると覚えておくといいです。
    本文でも「非番である限り」→「もし非番なら」という意味ですね。
    as far as A be concerned「Aに関する限り」など as far as も「限り」と訳されるため混乱してしまいますが if に置き換えることはできません。
    As far as I'm concerned, this color is better.
    「私 (に関する限り) は、この色のほうがよいです」
- □ **off duty**　勤務時間外の　反 on duty　勤務時間中の

6. (B) Nearly

1. 選択肢には -ly で終わる副詞が並んでいます。
2. 空欄の直後に everyone という語があります。この語と相性がいいのは nearly「ほとんど」です。

   通常、形容詞が名詞を修飾しますが、anyone、everyone、nothing、anything、everything など、頭に any、every、no といった形容詞がついた単語は副詞が修飾します。

   nearly (/almost) everyone「ほとんど全員」

訳 ▶ 勤務時間外であれば、ほとんど全員がそのワークショップに参加できる。

Word Network

A **fairly** 副 公平に 反 unfairly 不公平に
  かなり 類 reasonably, quite, rather
  fair 形 公平な・妥当な 反 unfair 不公平な　fair price 適正価格
  かなりの・晴れの
  名 フェア・見本市・展示会
  trade fair 見本市

B **nearly** 副 ほとんど 類 almost
  near 形 近い 前 〜の近くに
  neighbor 名 隣人

C **sturdily** 副 丈夫に
  sturdy 形 丈夫な 類 robust, strong

D **suitably** 副 適切に
  suitable 動 適切な 反 unsuitable 不適当な
  be suitable for A Aに適している
  be suitable to do 〜するのに適している
  suit 動 〜に似合う
  🌀 〈服 + suit + 人〉という形でよく使われます。
  I think the short-sleeved shirt will suit him.
  「その半そでのシャツは彼に似合うと思います」

解答目標タイム 15秒

7. All subscribers to Metrin Internet Service Provider ------- receive newsletters from the company.

(A) economically
(B) intensively
(C) periodically
(D) concisely

- **subscriber to A** Aの加入者・Aの定期購読者
- **Internet service provider (ISP)** インターネット・サービス・プロバイダー
  provide A with B AにBを供給する
- **newsletter** 名 ニュースレター・社報
  😊 インターネットを通して届くニュースレターは、日本語のメールマガジン（メルマガ）にあたります。

7. (C) periodically

1. 選択肢には -ly で終わる副詞が並んでいます。
2. 文意をとると、「プロバイダーの加入者がニュースレターを受けとる」とあります。この receive「受けとる」を適切に修飾できるのは periodically「定期的に」です。

訳▶ メトリン・インターネット・サービス・プロバイダーの加入者は皆、定期的に会社からニュースレターを受け取っている。

Word Network

A **economically** 副 経済的に・節約して
   economical 形 倹約する・安い
   economic 形 経済の　economic affairs 経済情勢
   🌑 この 2 つの形容詞はとてもややこしいので注意しましょう。
   economics 名 経済学
   economy 名 経済

B **intensively** 副 集中的に・激しく
   intensive 形 集中的な・激しい
   🌑 短期間で集中してやることを表し、intensive course「集中講義」のような形でよく使われます。
   intensity 名 強度・激しさ

C **periodically** 副 定期的に　類 regularly
   periodical 形 定期的の　類 regular
   period 名 期間
   🌑 period には era, age と同じく「時代」という意味もあります。
   peri-「周り」-od「道」⇒「ひと周りの道」というのが語源です。

D **concisely** 副 簡潔に　類 briefly
   concise 形 簡潔な　類 brief, short
   concision 名 簡潔さ
   🌑 -cise「切る」が入っており「余分なところを切り落とす」というのが語源です。

1　月　日　2　月　日　3　月　日　4　月　日　5　月　日

第5章 頻出副詞問題　145

⏰ 解答目標タイム **10秒**

8. A director at the banquet was surprised at how ------- dressed a few of the attendees were.

(A) automatically
(B) shortly
(C) informally
(D) persistently

□ **director** 名 重役
□ **banquet** 名 祝宴
　🗨 フォーマルな夕食会のことで、dinnerやdinner eventと言い換えられます。
□ **be dressed** 服を着ている
　be dressed in A Aを着ている　類 be wearing A
　Thomas is dressed in a black tuxedo.
　「トーマスは黒のタキシードを着ている」

🗨 **服を表す言葉**
　clothes 服　　clothing 服
　garment 服　　apparel 衣類　　attire （特別な）衣装
　この中でgarmentだけ数えることが出来ます。clothesは常に複数で、その他は不可算名詞です。

□ **attendee** 名 出席者

8. (C) informally

1. 選択肢には副詞が並んでいます。
2. 空欄の後ろには dressed「服を着た」があります。この語と相性がいいのは informally「カジュアルに」です。

〈how + 形容詞 / 副詞 SV〉「どんなに / いかに～か」の副詞の部分が空欄になっており、かたまり全体で at の目的語になっています。

訳▶ 祝宴に出ていたある重役は、出席者の数人があまりにカジュアルな格好をしており驚いた。

Word Network

A **automatically** 副 自動的に　反 manually 手動で
　automatic 形 自動の　反 manual 手動の　名 マニュアル
　automation 名 自動化

B **shortly** 副 すぐに　類 soon, immediately
　💡「短く」という意味では通常使われません。
　He went home shortly after he finished the assignment.
　「彼は課題を終わらせた後、すぐに帰宅した。」
　short 形 短い・不足した　類 insufficient
　be short of A Aが不足している
　💡 長さが足りないことを「短い」と言うので2つの意味はつなげて覚えやすいです。

C **informally** 副 非公式に・カジュアルに　反 formally 公式に・正式に
　informal 形 正式でない　類 casual　反 formal 公式な
　form 名 形式・書式・申込用紙

D **persistently** 副 しつこく・根気よく
　persistent 形 しつこい・根気のよい
　persist 動 固執する・続く　類 last, continue
　persist in A Aに固執する・Aを貫き通す
　💡 per-「ずっと」-sist「立つ」➡「立場を貫く」というのが語源です。

⏰ 解答目標タイム 15 秒

9. Many tourists visit San Jose to see the ------- built landmark, the DG Tower Bridge.

(A) amply
(B) undeniably
(C) currently
(D) recently

□ **tourist** 名 旅行者
　tour 名 ツアー旅行　動 ～を見学する
　detour 名 回り道
□ **landmark** 名 目印・目立つ建物

💭 San Joseはカタカナ語書きすると「サン・ホゼ」と読みます。アメリカ英語では音がくっついて「サノノゼ」に聞こえます。TOEICにも実際に出てきたこの名前ですが、スペイン語ではjはhのような音なのでこういったことが起こります。

TOEICでは日本語、韓国語、スペイン語、フランス語など様々な言葉が人やお店の名前に使われます。受験にはあまり必要ない知識ですが、フランス語を知っておくとフランス料理店の記事やお店のメニューなどが読みやすかったり、実在する地名を知っておくとすんなり問題を解けることもあります。前に中国語の地名が駅名としてリスニングに出てきたとき、「知らない単語だ」と思考が止まってしまったことがありました。中国語を習っていた知り合いは難なくその問題を解答していましたが、自分は固有名詞であることすら気がつきませんでした。固有名詞を「固有名詞」と認識するのは意外に大事なことです。

9. (D) recently

1. 選択肢には -ly で終わる副詞が並んでいます。
2. 空欄の前後を見ると the ------ built landmark「〜建てられた名所」という形、つまり〈the/a +副詞+過去分詞+名詞〉という TOEIC 頻出の形が来ています。recently を入れれば「最近建てられた名所」となり意味が通ります。実際に TOEIC で似たような問題が出題されたときは、currently「現在」を選んだ人が多かったですが「すでに」建てられている (built) 建物なのでここには置けません。

訳▶ 最近建築された名所 DG Tower 橋を見に、多くの旅行者がサン・ホゼを訪れる。

Word Network

A **amply** 副 十分に 類 sufficiently, adequately
  ample 形 十分な 類 enough, sufficient, adequate
                     反 inadequate 不十分な
        豊富な 類 plentiful, abundant
  ample for A Aに十分な
  ample to do 〜するのに十分な

B **undeniably** 副 まぎれもなく
  undeniable 形 疑う余地のない 類 indisputable, unquestionable
                               反 deniable 否定できる
  deny 動 〜を否定する
  deny doing 〜したことを否定する
  deny A B AにBを与えない

C **currently** 副 現在 類 now, at present
  current 形 現在の 類 present

D **recently** 副 最近 類 lately
  💬 recently、lately は通常、現在完了や過去形とともに使います。
     nowadays、these days「最近」は、通常現在形とともに使います。
  recent 形 最近の

| 1 | 月 日 | 2 | 月 日 | 3 | 月 日 | 4 | 月 日 | 5 | 月 日 |

解答目標タイム 20秒

10. Since ------- seventy association members are expected to turn out for the luncheon, another table was set up in the dining hall.

(A) confidentially
(B) positively
(C) intentionally
(D) approximately

- **association** 名 協会・団体
- **turn out** 出席する・集まる 類 attend
  turnout 名 出席者数 類 attendance
- **luncheon** 名 昼食会
- **set up** ～を準備する・～を設定する・～を配置する

10. (D) approximately

1. 選択肢には副詞が並んでいます。
2. 空欄の後ろには seventy…members「70人の会員」という数字と複数形の名詞が続いています。数字を適切に修飾できる副詞は approximately「およそ」です。

訳▶ 約70人の協会の会員たちが昼食会に出席することが見込まれているため、ダイニングホールにもう一卓テーブルが用意された。

Word Network

A **confidentially** 副 内密に 類 secretly
  confidential 形 秘密の 類 secret, classified
  confidentiality 名 秘密 類 secret
  confidently 副 確信して **confident** 形 確信した 類 sure
  confidence 名 自信
  ● fide-は「信じること」を表す接辞で、confident は「自分を信じている」、confidential は秘密を打ち明けられるほど「他人を信頼している」というのが語源です。

B **positively** 副 積極的に・好意的に 反 negatively 消極的に
  positive 形 積極的な・前向きな 反 negative 消極的な
        好ましい・有益な 類 beneficial, good
  positive effect よい影響

C **intentionally** 副 故意に 類 deliberately, purposely, on purpose
                       反 accidentally 偶然に
  intentional 形 故意の 類 deliberate 反 accidental 偶然の
  intend 動 意図する **intention** 名 意図
  intend to do ～するつもりだ
  be intended for A A(人)に向けられている

D **approximately** 副 およそ・大体・約 類 about, around
  approximate 形 おおよその
  proximity 名 近接 類 closeness, nearness
  in (close) proximity to A Aに近い

⏰ 解答目標タイム 15 秒

11. The new accounting software has proven to be more useful than ------- thought.

(A) initially
(B) steadily
(C) specifically
(D) conveniently

□ **accounting** 名 会計
□ **prove to be A** Aだとわかる　類 turn out to be A
　● どちらもto be が省略され prove A, turn out A となることもあります。
□ **useful** 形 役に立つ　類 helpful

11. (A) initially

1. 選択肢には -ly で終わる副詞が並んでいます。
2. 空欄の前後を見ると、more useful than ------- thought「〜思われていたよりも役に立つ」とあります。この thought を適切に修飾できるのは initially「当初」です。

   こういった「もともと思われていたより」という表現は多く、than initially(/originally) expected(/anticipated) などがあります。

訳 ▶ 新しい会計ソフトは当初思われていたよりも役立つとわかった。

Word Network

- A **initially** 副 最初に・当初　類 originally, at first
  initial 形 最初の
  🔵 頭文字のことをイニシャルというので覚えやすいですね。
  initiate 動 〜を始める　類 commence, start, begin

- B **steadily** 副 着実に
  steady 形 安定した　類 stable　反 unsteady 不安定な

- C **specifically** 副 特に　類 particularly
  　　　　　　　　明確に　類 definitely
  specific 形 特定の　類 particular　反 general 一般の
  　　　　　　明確な
  specification 名 仕様書・水準・明細事項
  🔵 日本語のスペックとはこのことです。
  specify 動 〜を詳細に述べる・〜をはっきり述べる

- D **conveniently** 副 都合よく
  be conveniently located 便利な場所にある
  convenient 形 便利な・都合のよい　反 inconvenient 不便な
  Is it convenient for you to come to our office tomorrow afternoon?
  「明日の午後こちらのオフィスに来られますか」
  convenience 名 便利・都合　反 inconvenience 不都合

⏰ 解答目標タイム 15 秒

12. Moore Auto succeeded in advertising their new model ------- to their loyal customers.

(A) relatively
(B) effectively
(C) exactly
(D) officially

- □ **succeed in A** Aに成功する
  successful 形 成功した
  success 名 成功
- □ **advertise** 動 〜を宣伝する
  advertisement 名 広告 略 ad
- □ **loyal customer** ひいき客

🔶 **お客を表す語は重要です。**
  customer 顧客
  guest ホテルの客・招待客
  visitor 訪問客・観光客
  client 取引先や弁護士などの依頼人
  passenger 乗客
  patron ひいき客（頻繁に来る客）

12. (B) effectively

1. 選択肢には -ly で終わる副詞が並んでいます。
2. 空欄の前後を見ると、advertising their new model ------- to their loyal customers「ひいき客に新しいモデルを〜宣伝する」となっており、effectively「効果的に」を入れれば「効果的に宣伝する」となり意味が通ります。

訳▶ ムーア・オート社は、新しいモデルをひいき客に効果的に宣伝することに成功した。

Word Network

A **relatively** 副 比較的
  relative 形 関係のある・相対的な
  relative(s) 名 親戚
  relation 名 関係
  relationship 名 関係
  relationship between A and B AとBの関係
  💡 relationは人間関係を表す時には使われませんので注意しましょう。
  relate 動 〜を関係づける
  A is related to/with B AはBと関係がある

B **effectively** 副 効果的に
  effective 形 効果的な・有効な　反 ineffective 非効果的な
  💡 以下のような文脈で出題されたことがあります。
    The system will become effective on April 10.
    「そのシステムは4月10日より適用されます」
  effective in doing 〜するのに効果的だ

C **exactly** 副 正確に・まさに　類 accurately
  That's exactly what I wanted.
  「まさにそれが私の欲しかったものです」
  exact 形 正確な・厳密な　類 accurate

D **officially** 副 公式に　類 formally, publicly
    反 unofficially 非公式に
  official 形 公の　類 formal, public　反 unofficial 非公式な

第5章 頻出副詞問題

⏰ 解答目標タイム 20 秒

13. The CEO announced today in the press conference that the new project is progressing ------- thus far.

(A) generously
(B) entirely
(C) repeatedly
(D) satisfactorily

- □ **CEO** 経営最高責任者 (chief executive officer の略語)
- □ **announce** 動 ～を発表する・～を知らせる
  announcement 名 お知らせ
- □ **press conference** 記者会見
  press 名 報道機関・出版業
  😊 字を紙に押しつけることから、出版・報道を表す意味が生まれました。
- □ **project** 名 プロジェクト・計画
  😊 pro-「前へ」-ject「投げ出す」ということから投影する意味に、pro-「先に」-ject「言う」ということから「計画」という意味にもなります。
  projector 名 プロジェクター
- □ **progress** 動 前進する 名 進展
- □ **thus far** これまでのところ 類 so far, up to now

13. (D) satisfactorily

1. 選択肢には -ly で終わる副詞が並んでいます。
2. 空欄の前後を見ると、the new project is progressing「新しいプロジェクトが進行している」とあります。よってこの動詞 progress を適切に修飾できる satisfactorily「満足のいくように」が正解です。

訳▶ 経営最高責任者は今日の記者会見で、新しいプロジェクトはこれまでのところ満足のいくものであると発表した。

Word Network

A **generously** 副 寛大に
  generous 形 寛大な
  👤 人だけでなく generous salary「高い給料」のようにも使います

B **entirely** 副 完全に・全体に　類 altogether, completely
  entire 形 全体の・完全な　類 complete

C **repeatedly** 副 繰り返して
  repeated 形 繰り返された
  repeat 動 繰り返す　**repetition** 名 繰り返すこと

D **satisfactorily** 副 満足のいくように・申し分なく
  satisfactory 形 満足のいく　**satisfied** 形 満足した
  satisfy 動 〜を満足させる　**satisfaction** 名 満足

  👤 **satisfied vs. satisfying**
  Customers were **satisfied** with the service.
  「顧客はサービスに満足した」主語には満足する「人」がきます。
  The service was **satisfying**.
  「サービスは満足のいくものだった」主語には満足させる「原因」がきます。
  the **satisfied** customers
  「満足した客」満足している「人」を修飾
  the **satisfying** service
  「満足のいくサービス」満足させる「原因」を修飾

解答目標タイム 15 秒

14. Copies of the purchase orders are filed ------- in the cabinet near the copy machine.

(A) persuasively
(B) structurally
(C) measurably
(D) numerically

- **purchase order** 注文書
- **file** 動 ～をファイル（に入れて保管）する
- **cabinet** 名 キャビネット
- **copy machine** コピー機　類 photocopier

14. (D) numerically

1. 選択肢には副詞が並んでいます。
2. 空欄の前には Copies ... are filed「コピーはファイルにとじられている」とあります。この動詞 filed と一緒に使うことができるのは numerically「番号順に」です。

in numerical order「番号順に」と言い換えることができます。in alphabetical order「アルファベット順で」も覚えておきましょう。

訳 ▶ 注文書のコピーはコピー機のそばのキャビネットに番号順にファイルにとじられて保管されています。

Word Network

A **persuasively** 副 説得力をもって
 persuasive 形 説得力のある　類 convincing
 persuade 動 ～を説得する　類 convince
 persuade A to do Aに～するよう説得する　類 convince A to do

B **structurally** 副 構造上・構造的に
 structural 形 構造上の・組織の
 structure 名 構造・仕組み
 🔹 構造物・建築物の意味で Part 1 に登場することがあります。

C **measurably** 副 目立って・測れる程度に・適度に　類 moderately
 measurable 形 測ることのできる・(無視できないほど) 重要な・適度な　類 moderate
 measure 動 ～を測る　名 措置・基準・程度・寸法

D **numerically** 副 番号順に・数量的に・数の上で
 numerical 形 数の
 numeral 形 数の　名 数字
 number 名 数
 numerous 形 数多くの
 🔹 これらの単語はラテン語の numerus「数」が語源です。スペルが似ているのでまとめて覚えやすいですね。

| 1 | 月 日 | 2 | 月 日 | 3 | 月 日 | 4 | 月 日 | 5 | 月 日 |

解答目標タイム 15 秒

15. ETX's sales figures have dropped ------- over the last three months since CEO Michael Kirk resigned.

(A) efficiently
(B) sharply
(C) diversely
(D) personally

- **sales figures** 売上 (高)
- **drop** 動 下落する 名 下落
- **over/for the last/past ~ months** ここ〜カ月
  - these ~ months「ここ〜カ月」とも言い換えられます。
- **resign** 動 辞任する
  resign from A Aを辞職する
  resignation 名 辞任・辞表

15. (B) sharply

1. 選択肢には -ly で終わる副詞が並んでいます。
2. 空欄の前には drop「落ちる」という単語があることに注目します。正答は、「上がる・落ちる」といった単語を修飾するときによく使われる sharply「急激に」です。

訳▶ ETX の売上高は、経営最高責任者のマイケル・カークが辞職して以来ここ3カ月急激に減少した。

Word Network

A **efficiently** 副 効率よく
   efficient 形 効率のいい 反 inefficient 効率の悪い
   🔸 これは人にも使えます。efficient person は「有能な人」という意味です。
   efficiency 名 効率

B **sharply** 副 急激に 類 dramatically, drastically
   increase/rise sharply 急激に上がる
   decrease/drop/fall sharply 急激に落ちる
   sharp 形 とがった・(角度が)急な
   🔸 角度が急であることを表す語なので上がる・下がると相性がいいです。

C **diversely** 副 様々に
   diverse 形 多様な・様々な 類 various
   diversity 名 多様性 類 variety
             相違 類 difference
   diversify 動 〜を多様化する

D **personally** 副 個人的に 類 in person
   personal 形 個人の・個人的な 類 individual
   person 名 人
   personnel 名 人材・全職員
   personnel department 人事部 類 human resources department
   🔸 personnel が「全職員」を表す場合、people「人々」と同じように複数扱いの名詞になります。

解答目標タイム 15 秒

16. All city officials are obliged to adhere ------- to the highest ethical standards.

(A) strategically
(B) previously
(C) strictly
(D) delicately

□ **be obliged to do** 〜しなければならない・〜する義務がある
□ **ethical standard** 倫理基準

16. (C) strictly

1. 選択肢には副詞が並んでいます。

2. 空欄は adhere to A「Aに従う・Aを守る」の間に入っています。このフレーズと相性がいいのは strictly「厳しく」です。

「ルールに従う」というのは TOEIC 頻出で、以下のような表現があります。

- follow
- obey
- observe
- adhere to
- abide by ※abide の過去形は abode
- comply with
- conform to

訳▶ 市の職員は皆、非常に高い倫理基準を厳守する義務がある。

Word Network

A **strategically** 副 戦略的に
  strategic 形 戦略的な
  strategy 名 戦略

B **previously** 副 以前に 類 formerly
  previous 形 以前の 類 former, earlier
  🔎 pre-「前の」-vious「道」が語源です。

C **strictly** 副 厳しく・厳密に
  strict 形 厳しい
  restrict 動 ～を制限する 類 limit
  restrict A to B AをBに制限する
  restrict A from doing Aが～するのを妨げる
  restricted 形 限られた
  restriction 名 制限 類 limitation

D **delicately** 副 繊細に・上品に
  delicate 形 繊細な・壊れやすい 類 fragile
  🔎 発音は「デリキット・デリカット」で「デリケート」ではありません。音も確認しておきましょう。
  delicacy 名 繊細さ・優雅さ・か弱さ・思いやり

1 月 日 2 月 日 3 月 日 4 月 日 5 月 日

⏰ 解答目標タイム 15 秒

17. The annual branch managers' meeting is scheduled to be held at the head office at ------- 3:00 P.M. next Wednesday.

(A) precisely
(B) exclusively
(C) extremely
(D) actually

□ **be scheduled to do** ～する予定になっている
□ **be held** 開かれる　類 take place
□ **head office** 本社　類 headquarters, main office
🎯 〈next＋曜日〉という表現は通例「次の週の～曜日」という意味になります。もし今日が月曜日で今週の水曜日という場合は、this (coming) Wednesdayです。

17. (A) precisely

1. 選択肢には -ly で終わる副詞が並んでいます。
2. 空欄の後ろには 3:00 P.M. という時間がきています。この時間を適切に修飾できるのは precisely「(時間) ちょうど」です。

訳 ▶ 毎年恒例の支店長会議は、来週水曜日の午後3時ちょうどに本社で開かれる予定です。

Word Network

A **precisely** 副 正確に・ちょうど 類 exactly

precisely/exactly the same way まったく同じ方法

precise 形 正確な 類 exact, accurate, correct

precision 名 正確さ

🌀 「〜時ちょうど」を表す表現

precisely/exactly
We will arrive at precisely one o'clock.
We will arrive at one o'clock precisely.
「私たちは1時ちょうどに着きます」
のように時間の後ろからも修飾できるので要注意です。
exactly も precisely と同じ位置になります。

sharp　The movie begins at one o'clock sharp.

promptly　We will arrive promptly at one o'clock.
　　　　　　「私たちは1時ちょうどに着きます」

B **exclusively** 副 排他的に・独占的に・もっぱら 類 only

exclusive 形 排他的な・独占的な

exclude 動 〜を排除する 類 eliminate 反 include 〜を含む

exclusiveness 名 排他 類 exclusivity

🌀 ex-「外に」-clude/clusive「閉じる」➡「閉め出す」という意味です。

C **extremely** 副 極端に・とても

extreme 形 極端な　**extremity** 名 先端

D **actually** 副 実際に・実際は 類 in fact

actual 形 実際の
This is the actual piano Beethoven played.
「これはベートーベンが演奏した本物のピアノです」

Prepositions & Conjunctions!

第6章
前置詞・接続詞問題 8

6-1 〜 6-8

コロケーションを
覚えていけば
怖くない!!

頻出前置詞・接続詞問題、8問です。

8問 × 20秒 = 160秒 (2分40分)

以内で解きましょう。

中・上級者は、「解答目標タイム」の
合計130秒 (2分10秒) 以内

を目指してください。

解答目標タイム 15 秒

1. An important role of middle managers is to mediate ------- labor and the board.

   (A) between
   (B) despite
   (C) until
   (D) without

- **middle manager** 中間管理職
- **mediate** 動 〜を調停する・〜をとりなす
  mediation 名 調停
  😀 meditate「瞑想する」、meditation「瞑想」、medicate「薬で治療する」、medication「医薬品」とややこしいので注意しましょう。
- **labor** 名 労働者（集合名詞）
  😀 1人1人を表すときは laborer です。
- **board** 名 役員会・取締役会

1. (A) between

1. 選択肢には前置詞が並んでいます。
2. 前置詞問題は前の動詞や名詞や形容詞、後ろの名詞がヒントになります。今回は後ろに A and B の形があることから between A and B「AとBの間に」の構文だとわかります。

訳▶ 中間管理職の重要な役割は、労働者と役員の間をとりなすことだ。

Word Network

A **between** 前 〜の間に

B **despite** 前 〜にもかかわらず 類 in spite of
- 後ろに主語・動詞を置く場合は接続詞の although、though を用います。

C **until** 前 〜までずっと 類 till
- 接続詞としての用法もあります。

D **without** 前 〜なしに

TOEICに出てくる等位接続詞を使ったフレーズのパターン

both A and B	AもBも両方
either A or B	AかB
neither A nor B	AもBも〜ない

基本の3パターンの他に以下のようなパターンも出題されています。

whether A or B	AかBかどうか
between A and B	AとBの間に
A as well as B	Bと同様にA
A rather than B	BというよりはむしろA
not A but B	AではなくB
not only A but (also) B	AだけでなくBも

類 not simply A but B, not merely A but B, not just A but B, not only A but B as well

⏰ 解答目標タイム 15 秒

2. ------- visiting many countries, Ms. Murphy learned a lot of managerial strategies.

(A) Because
(B) If
(C) While
(D) Though

- **country** 名 国
- **learn** 動 〜を習う
- **a lot of A** 多くのA
  - 可算名詞・不可算名詞のどちらの前にも置きます。plenty of A「たくさんのA」もどちらにも使えます。
- **managerial** 形 マネジメントの
  management 名 マネジメント
- **strategy** 名 戦略

2. (C) While

1. 選択肢には接続詞が並んでいます。
2. 接続詞の後ろには通常、〈主語＋動詞〉のかたまりが来ますが、この問題では動詞の -ing 形が来ています。この形をとれる接続詞は選択肢の中で While「〜の間に」です。

   While の後ろには〈主語＋動詞〉、〈動詞の -ing 形〉が来ます。During の後ろには名詞が来ます。この3つの構文は TOEIC に頻出です。下記の例文でしっかり形を覚えておきましょう。

   While she was visiting Japan, Ms. Murphy learned a lot of managerial strategies.

   While visiting Japan, Ms. Murphy learned a lot of managerial strategies.

   During her visit to Japan, Ms. Murphy learned a lot of managerial strategies.

   「日本を訪問中に、マーフィーさんは多くのマネジメント戦略を学んだ」

訳▶ 多くの国を訪問する間に、マーフィーさんは多くのマネジメント戦略を学んだ。

Word Network

- A **because** 接 〜なので　類 since, as
- B **if** 接 もし〜なら
  - wonder、know、be sure などの後ろで名詞節になり「〜かどうか」という意味で登場することもあります。
    I don't know if he will come.「彼が来るかはわかりません」
- C **while** 接 〜の間
  - 〜であるのに対して　類 whereas
- D **though** 接 〜だが
  - 「〜にもかかわらず」と似た意味を表す despite、in spite of は前置詞なので後ろに名詞が来ます。

解答目標タイム 15 秒

3. The market share of Sonite Electric's high-definition television has expanded ------- the globe.

(A) across
(B) opposite
(C) amid
(D) except

- **market share** 市場占有率
- **high-definition** 形 高解像度の
  - 日本でもHDと言ったりしますね。definitionには「定義」という意味だけでなく「(画像の) 鮮明さ」という意味があるんです。また、well defined「はっきりした」をclearと言い換える問題も出題されています。
- **globe** 名 地球・世界 類 world
  global 形 世界的な

3. (A) across

1. 選択肢には前置詞が並んでいます。
2. 空欄の前には has expanded「拡大した」という動詞、後ろには the globe「世界」があります。よって、ここに across「〜じゅうに」を入れれば「世界中に拡大した」となり文意に合います。across には「〜を横切って」だけではなく「〜じゅうに」の意味もあることを押さえておきましょう。

訳 ▶ ソナイト・エレクトリックの高解像度テレビの市場占有率は世界中に拡大した。

Word Network

A **across** 前 〜を横切って・〜を越えて
〜じゅうに 類 throughout

across from A Aの向かいに
across the road from the station「道を挟んだ駅の向かいに」
💡 この例文のようにacrossの後ろには横切る道や川などが、across fromの後ろには向かいにあるモノや人が来ます。

B **opposite** 前 〜の向かいに 類 across from
形 反対の 名 反対
They're sitting opposite each other.「彼らは向かい合って座っている」
💡 Part 1 でよく出てくる表現です。

C **amid** 前 〜の最中に
〜の真ん中に・〜の中で 類 among

amid the recession 不景気の最中に
💡 -mid「真ん中」がスペルに入っているので覚えやすいです。amidstという形でも使われます。

D **except** 前 〜を除いて
No one except John went to the conference.
「ジョン以外誰もその会議に行かなかった」

except for A Aを除いて
💡 except (that) SV「SがVすることを除いて」のように接続詞としても使うことができます。

1 月 日 2 月 日 3 月 日 4 月 日 5 月 日

解答目標タイム 15秒

4. ------- the Los Angeles store is close to the city center, the Seattle location is in a suburban area.

(A) Therefore
(B) However
(C) Whereas
(D) Meanwhile

- **be close to A** Aに近い
- **location** 名 支店・支社・場所
- **suburban** 形 郊外の
  suburbs 名 郊外

4. (C) Whereas

1. 選択肢には接続詞や、副詞の働きをするものが並んでいます。
2. 空欄の後ろには the ... store is という〈主語＋動詞〉のかたまり、さらにカンマの後ろには the ... location is という〈主語＋動詞〉のかたまりがあるので、ふたつのかたまりをつなぐ役割のある接続詞が空欄に入ります。Therefore と Meanwhile は副詞なのでここには入れません。However SV には「どのように SV しても」というのがありますが、「ロス支店がどのように近くても」では意味が通りません。よって、対比を表す接続詞の Whereas「〜であるのに対して」が正解です。

訳▶ ロサンゼルス店は市の中央部に近いのに対し、シアトル店は郊外にある。

Word Network

A **therefore** 副 それゆえに　類 hence, thus, consequently, as a result
  接続詞ではないので、SV, therefore S'V'のようにカンマだけでつなげてはいけません。SV. Therefore, S'V'「SがVする。それゆえにS'がV'する」と2文にするか、SV; therefore, S'V'のようにセミコロンを使ってつなげます。ただしSV, therefore Ving のように後ろにVing形をつなぐことはできます。
  The new software program is much faster, therefore leading to a more efficient workflow.「新しいソフトウェアプログラムはずっと速いので、作業の流れがより効率的になった。」

B **however** 副 しかし　接 どんなに〜でも・どのように〜でも
  He is rich. However, he doesn't show his generosity.
  「彼はお金持ちだ。しかし、寛大さを示さない（ケチである）」

  however/no matter how 形容詞/副詞 SV たとえどれほど〜でも
  However rich you are, I still can't marry you.
  「あなたがどれだけお金持ちでも、結婚はできません」

C **whereas** 接 〜であるのに対して　類 while

D **meanwhile** 副 その間に　類 in/for the meantime
  一方では

解答目標タイム 20 秒

5. ------- a competitive salary, leading distributor Colex, Inc., offers a variety of benefits to employees.

(A) In response to
(B) In place of
(C) In addition to
(D) In anticipation of

- **competitive salary** （他社に負けない）高い給料
- **leading** 形 主要な・一流の
  - leading company は他をひっぱっていく会社ですね。この leading は頻出です。
  - **lead** 動 ～を導く・案内する
- **distributor** 名 販売者・卸売業者
- **offer** 動 ～を与える
- **a variety of A** 様々な種類のA
  - 類 a range of A, a selection of A, an array of A, an assortment of A
- **benefits** 名 手当・給付金　benefit 利益
  - 動詞の「～の利益になる」も出題されています。
  - **benefit(s) package** 福利厚生
  - **beneficial** 形 役に立つ

5. (C) In addition to

1. 選択肢には in からはじまり3語のかたまりで前置詞の働きをする群前置詞が並んでいます。

2. 空欄の後ろには a competitive salary「高い給料」、そしてその後ろには「コーレックス社が様々な手当を与える」という文が続いています。どちらもプラスの内容なので、追加の意味を表す in addition to A「Aに加えて」が正解です。Aの位置には動名詞も置くことができ、これが問われたこともあります。

訳 ▶ 大手販売会社のコーレックス社は、給料が高いことに加え、社員に多くの手当を提供している。

Word Network

A **in response to** ～に応えて　類 in answer to A
　response 名 反応・応答
　respond 動 応じる・答える
　respond to A Aに応える

B **in place of** ～の代わりに　類 instead of A
　in place 準備万端で・適した・うまくいって
　Everything is in place.「万事順調だ」
　place 名 場所　動 ～を置く
　place an order 注文する　類 make an order
　　🌀 fill an order、meet an order「注文に応じる」も覚えておきましょう。

C **in addition to** ～に加えて
　　🌀 in addition to は前置詞ですが、in addition「さらに」は副詞の働きをし、additionally、moreover などと同じ意味になります。

D **in anticipation of** ～を期待して・～を予期して
　anticipation 名 予期・期待　類 expectation
　anticipate 動 ～を予期する　類 expect

第6章 前置詞・接続詞問題　177

⏰ 解答目標タイム20秒

6. Dave Potter visited the venue for the conference ------- to make sure that the preparations were going smoothly.

(A) as opposed
(B) in regard
(C) in advance
(D) by means

□ **venue** 名 会場
　🙂 大きなイベントのための会場を表すときに使います。
□ **conference** 名 カンファレンス・会議
□ **make sure that SV** SがVするかを確認する
□ **preparation** 名 準備
□ **go smoothly** うまくいく

6. (C) in advance

1. 選択肢には2語からなるフレーズが並んでいます。空欄の直後に to do があるので in order to do「〜するために」としたいところですが選択肢にはありません。

2. as opposed to A「Aとは反対に」と in regard to A「Aに関して」の to は前置詞なので、後ろに動詞は置けません。

3. 文意をとると「デイヴは準備がうまくいっているか確認するために会場を訪れた」とあるので、in advance「前もって」を入れれば「前もって会場を訪れた」となり意味が通ります。by means は後ろに of をとります。

訳▶ デイヴ・ポッターは、準備がうまくいっているかを確認しに、前もって会議の会場を訪れた。

Word Network

A **as opposed to** 〜とは反対に
  oppose 動 〜に反対する
  be opposed to A Aに反対する 類 object to A

B **in regard to** 〜に関して 類 with regard to, regarding
  regard 名 関連・点
  regards 名 よろしくとの伝言
  Please give my best regards to Mr. Fish.
  「フィッシュ氏によろしくお伝えください」
  regard A as B AをBとみなす

C **in advance** あらかじめ・前もって
  advance 名 進歩 動 前進する
  advancement 名 前進・出世

D **by means of** 〜を用いて
  by no means 決して〜しない・でない
  By all means! もちろんです！ 類 Of course!, Sure!, Definitely!
  means 名 手段・方法

解答目標タイム 20 秒

7. Flight attendants have to help all passengers on board evacuate quickly ------- an emergency.

(A) in terms of
(B) in the event of
(C) in accordance with
(D) in compliance with

□ **flight attendant** フライトアテンダント・客室乗務員
　😊 cabin attendant よりもこちらのほうが一般的によく使われます。集合的にあらわす場合はcabin crewといいます。
□ **help** 動 〜を助ける　名 助け
　類 aid 動 〜を助ける　名 援助・救済
　help A (to) do Aが〜するのを手伝う
　😊 本文では passengers がA、evacuate が do に対応しています。
□ **passenger** 名 乗客
□ **on board** (船や飛行機に)乗った
　board 動 〜に搭乗(乗船/乗車)する　類 get on
　boarding pass 搭乗券
□ **evacuate** 動 避難する
　evacuation 名 避難　evacuation drill 避難訓練
□ **emergency** 名 緊急事態

7. (B) in the event of

1. 選択肢には〈in +名詞+前置詞〉のかたまりで前置詞の働きをする句が並んでいます。

2. 文意をとると「搭乗員は乗客が避難するのを手伝う」とあります。空欄の後ろには an emergency「緊急事態」が来ているので、in the event of A「Aの際には」を入れれば「緊急時には」となり意味が通ります。in accordance with A、in compliance with A はどちらも「Aに従って」という意味で、Aには通常 regulation「規則」や law「法律」などルールに関する語が来ます。

訳▶ 緊急時に搭乗員は、飛行機に乗っているすべての乗客が速やかに避難できるよう手助けをしなければならない。

Word Network

A **in terms of** ～の観点から・～に関して
   term 名 期間・用語・間柄
   😊 on...terms with A「Aと～の間柄だ」という表現もあります。
   I'm on good terms with my boss.「私は上司と仲がよい」

B **in the event of** ～の際には
   event 名 出来事
   eventual 形 最終的な・結果として起きる
   eventually 副 ゆくゆくは・結局

C **in accordance with** ～に従って
   accordance 名 一致
   accord 動 一致する 名 調和・合意 類 agreement
   accord with A Aと一致する
   😊 according to A「Aによると」も忘れてはいけない頻出表現です。

D **in compliance with** ～に従って
   compliance 名 順守
   comply 動 従う
   comply with A Aに従う・応じる

| 1 | 月 日 | 2 | 月 日 | 3 | 月 日 | 4 | 月 日 | 5 | 月 日 |

第6章 前置詞・接続詞問題　181

⏰ 解答目標タイム 10 秒

8. Kosno's new tablet has become popular ------- young people thanks to targeted marketing on a social networking site.

(A) among
(B) during
(C) within
(D) past

□ **tablet** 名 タブレットコンピューター
□ **thanks to A** Aのおかげで
□ **targeted marketing** ターゲットマーケティング
● 市場ターゲットを絞って広告を出したりプロモーションをしたりするマーケティングの手法のことです。
□ **social networking site** ソーシャルネットワーキングサイト (SNS)

8. (A) among

1. 選択肢には前置詞が並んでいます。
2. 空欄の前には has become popular「人気が出た」が、後ろには young people「若い人々」が来ています。よって among を入れれば「若者の間で人気が出た」となり意味が通ります。during の後には時間を表す語句が来ます。

訳 ▶ SNSでのターゲットマーケティングのおかげで、コスノの新しいタブレットは若者の間で人気が出た。

Word Network

A **among** 前 (3つ以上の漠然としたもの)の間

🌏 今回は「若者」という漠然とした人々の間なので among ですが、This was an agreement between China, Russia, and Japan.「この協定は、中国、ロシア、日本の間で結ばれた」のように個々がはっきりしている場合は between を使います。

B **during** 前 (時間)の間に

🌏 もともと dure「続く」という語の進行形でしたが、もともとの動詞はなくなってしまいました。

duration 名 継続期間

C **within** 前 〜以内に

within 20 meters of my office
「私のオフィスから20メートル以内に」
I have to complete the assignment within 24 hours.
「24時間以内に課題を終わらせなければなりません」

🌏 空間表現だけでなく時間表現とも使うことができ、TOEIC超頻出の前置詞です。

D **past** 前 〜を過ぎて 形 過去の

We need to go past that tower to get there.
「そこに着くには、その塔を通り過ぎる必要がある」

🌏 元々はラテン語の pass「通り過ぎる」に当たる語の過去分詞でした。もちろん名詞で「過去」という意味もあります。「現在」は present、「未来」は future ですね。

| 1 | 月 日 | 2 | 月 日 | 3 | 月 日 | 4 | 月 日 | 5 | 月 日 |

Test Yourself!

第7章
実力アップ問題 10

🔊 7-1 〜 7-10

自分の実力と弱点を知ろう!

実力チェック問題、10問です。

> 10問 × 20秒 = 200秒 (3分20分)

以内で解きましょう。

中・上級者は、「解答目標タイム」の
合計165秒 (2分45秒) 以内

を目指してください。

第7章 実力チェック問題 185

⏰ 解答目標タイム 15 秒

1. By the end of today, the president is supposed to ------- everyone's concerns regarding the company's new telecommuting policy.

(A) address
(B) talk
(C) insist
(D) refer

□ **be supposed to do** 〜することになっている
□ **concern** 名 不安
□ **regarding A** Aに関して 圓 concerning A
□ **telecommuting** 名 在宅勤務
  🌏 tele-「遠く」が入っているので覚えやすいです。TOEICでもインターネットを使った在宅勤務の話題が出るようになりました。
  commute 動 通勤する・通学する
□ **policy** 名 方針

1. (A) address

1. 選択肢には動詞が並んでいます。
2. 空欄の後ろには everyone's concerns「皆の不安」という目的語があるので、自動詞の talk は置けません。insist は他動詞の場合 that 節をとりますし、他動詞の refer「〜を委託する・照会させる」では意味が通りません。address であれば「〜に対処する」の意味があるので、文法上も意味上もこれがふさわしいとわかります。

訳▶ 今日の終わりまでに、社長は在宅勤務に関する新しい会社の方針についての皆の不安に対応することになっている。

Word Network

A **address** 動 〜に対処する・〜に話をする・〜に演説する
　　address the needs ニーズに対応する
　　　　名 演説・住所・アドレス

B **talk** 動 話す
　　talk of/about A Aについて話す 類 discuss A
　　talk to/with A Aと話す

C **insist** 動 〜を主張する・〜を要求する
　　insist on A Aを主張する
　　insist that SV(原形) SがVするよう要求する 類 require that SV
　　insistence 名 主張・固執
　　at A's insistence / at the insistence of A Aが強く言うので
　　🌑 at the request of A「Aの要求により」というのも一緒に覚えておきましょう。

D **refer** 動 言及する・照会する
　　refer to A Aに言及する 類 mention A
　　　　　　　　Aを参照する 類 consult A, look up A
　　refer A to B A(人)をBに紹介する
　　🌑 TOEICでもお店にお客さんを紹介するという場面で出てきます。
　　reference 名 参考・照会状・推薦状・照会先

⏰ 解答目標タイム 15 秒

2. Before leaving Walt Pharmaceuticals, Ms. Kubo had sufficient time to train her replacement, so the ------- went smoothly.

(A) vocation
(B) transition
(C) position
(D) moderation

- **pharmaceutical** 形 薬剤の・製薬の 名 製薬会社
  pharmacy 名 薬局 (コーナー)
  pharmacist 名 薬剤師
- **sufficient** 形 十分な 類 enough
- **replacement** 名 後任・代わり
- **smoothly** 副 スムーズに・円滑に

2. (B) transition

1. 選択肢には -ion で終わる名詞が並んでいます。

2. 空欄の後ろには went smoothly「スムーズに行った」とあります。文意をとると「辞める前に後任を訓練する十分な時間があった」とあります。ある人が会社を辞めて、別の人がそれを引き継ぐので、transition「移行」が文意に合います。

   この単語は Part 6 の文脈を利用して解く語彙問題で超頻出です。

訳 ▶ ウォルト製薬を辞める前、クボさんは彼女の後任を訓練する時間が十分にあったため、移行は円滑に行われた。

Word Network

A **vocation** 名 職業　類 profession, occupation
- 💡 voice や vocal などと同じく voc「声」が単語の中に入っています。神の声によって決められた天職（= calling）というのが語源の単語です。

   vocational 形 職業の・職業訓練の
   vocational training 職業訓練

B **transition** 名 移行・移り変わり
   transitional 形 過渡期の・移り変わる
   transitional measure 経過措置
   transitional management 移行管理
   transit 名 通過・輸送・推移　動 乗り換える
   in transit 輸送中に

C **position** 名 職・位置

D **moderation** 名 適度・緩和
   moderate 形 穏やかな・適度の　動 ～を和らげる・～の司会をする
   moderate a meeting 会議の司会をする
   moderator 名 司会者・議長
   moderately 副 ほどよく

第7章 実力チェック問題　189

⏰ 解答目標タイム 15 秒

3. The newly ------- company Victco Toolworks, Inc., produces lawnmowers, snow blowers, and power tools.

(A) established
(B) contained
(C) misplaced
(D) emptied

□ **lawnmower** 名 芝刈り機
　lawn 名 芝
　mow 動 (芝) を刈る
□ **snow blower** 除雪機
□ **power tool** 電動工具

3. (A) established

1. 選択肢には動詞の -ed 形が並んでいます。
2. 空欄の前には副詞の newly、後ろには company があります。よって、動詞の establish「～を設立する」の過去分詞 established を入れれば「新しく設立された会社」となり意味が通ります。established は「定評のある・老舗の」という意味の形容詞としてもよく使われます。

an established writer 定評のある / 著名な作家
an established store　老舗店

訳▶ 新設会社ヴィクトコ・トゥールワークス社は、芝刈り機、除雪機、電気工具を生産している。

Word Network

- A **establish** 動 ～を確立する・～を設立する 類 found
  established 形 定評のある・老舗の・確立した
  establishment 名 設立・(設立された) 組織・施設・店
  💡「設立」の場合は不可算名詞で、「設立されたもの」の場合は可算名詞で medical establishment「医療施設」、dining establishment「食事施設」など様々な形でTOEICに登場します。

- B **contain** 動 ～を含む 類 include
  　　　　　 ～を抑制する 類 hold back, control
  contained 形 落ち着いた・自制した
  containment 名 抑制
  content 名 中身・内容・目次 形 満足して 類 satisfied
  　　　　 動 ～を満足させる 類 satisfy, fulfill

- C **misplace** 動 ～を置き忘れる
  　　　　　　 ～を不適切な場所に配置する
  💡 TOEICでは、lose「失くす」の意味でよく登場します。
  misplaced 形 見当違いの

- D **empty** 動 ～を空にする
  　　　　 形 空の
  💡 動詞としても使うので注意です。

⏰ 解答目標タイム 10 秒

4. Agmon Jewelers has put most of its merchandise on sale this month to ------- its inventory.

(A) liquidate
(B) create
(C) deserve
(D) reject

□ **put A on sale**　Aをセールに出す
□ **merchandise**　名 商品（不可算名詞）　類 items, products
□ **inventory**　名 在庫

4. (A) liquidate

1. 選択肢には動詞が並んでいます。
2. 空欄の後ろには inventory「在庫」という名詞があります。この語と相性がいいのは liquidate「〜を一掃する」です。take an inventory of A「Aの在庫目録を作る」も覚えておきましょう。

訳▶ アグモン・ジュエラーズは在庫を一掃するため今月ほとんどの商品をセールに出す。

Word Network

A **liquidate** 動 〜を清算する・〜を一掃する

🔆 liquid「液体」で流すイメージをもっておくと覚えやすい単語です。他にも「(負債)を弁済する」「(資産)を売却する」といった意味もあります。

　liquidation 名 清算・整理・一掃

B **create** 動 〜をつくる

　creation 名 創造

　creative 形 創造力のある・独創的な

　creativity 名 創造性・独創性

C **deserve** 動 〜に値する 類 merit, be worth, be worthy of

　deserve to do 〜するに値する

🔆 deserve a promotion/raise「昇進/昇給に値する」
deserve punishment/criticism「罰/批判に値する」のように目的語にはいいことも悪いことも来ます。

　deserving 形 値する

　be deserving of A Aに値する・Aにふさわしい

D **reject** 動 〜を断る 類 refuse, decline 反 accept 受け入れる

　reject the offer 申し出を断る

　　反 accept the offer 申し出を受け入れる

　rejection 名 拒否・不採用

🔆「〜するのを断る」といった場合 reject は後ろに doing をとりますが、refuse と decline は to do の形をとります。

解答目標タイム 15 秒

5. Should you need more ------- information, please do not hesitate to contact the Licensing Bureau.

(A) detailed
(B) accomplished
(C) motivated
(D) acknowledged

- **Should S V = If S should V** 万が一SがVなら
  - ビジネスレターなどでよく使われる表現で、この Should を入れる問題も出題されたことがあります。
- **do not hesitate to do** 気軽に〜する　類 feel free to do
  hesitate to do 〜するのをためらう
  hesitant 形 気が進まない
  hesitation 名 ためらい
- **Licensing Bureau** 免許局
  - ビジネスをする許可を出すところのことです。
  bureau 名 局

5. (A) detailed

1. 選択肢には動詞の -ed 形から派生した形容詞が並んでいます。
2. 空欄の後ろには information「情報」が来ています。よって、この語と相性のいい detailed「詳細な」を入れれば、「より詳細な情報を知りたい場合はお気軽に免許局にご連絡ください」となり意味が通ります。名詞の details「詳細」は information「情報」の言い換えとしてよく登場します。

訳▶ より詳細な情報が必要な場合は、お気軽に免許局にご連絡ください。

Word Network

A **detailed** 形 詳細な
　detail 動 〜を詳細に記述する　名 詳細
　in detail 詳細に

B **accomplished** 形 成し遂げられた
　　　　　　　　　熟達した　類 experienced, skilled
　😊 2つ目の意味は人を修飾した形で出てきます。
　accomplish 動 〜を達成する　類 achieve
　accomplishment 名 達成・業績　類 achievement

C **motivated** 形 意欲のある
　motivate 動 〜に意欲を起こさせる
　motivate A to do Aを〜する気にさせる　類 inspire A to do
　motivation 名 意欲・動機

D **acknowledged** 形 認められた　類 recognized, approved
　acknowledge 動 〜を認める　類 recognize, approve
　　　　　　　　〜に感謝の念を示す
　　　　　　　　類 express gratitude/appreciation for
　😊 acknowledgeとrecognizeの言い換えはPart 7 頻出です。
　acknowledgement 名 承認・感謝すること
　😊 本や論文などの著者が書く「謝辞」のこともacknowledgementと言います。

解答目標タイム 20 秒

6. According to the company's memorandum, the property appraiser Sandra Matsuki ------- this property at 20 million dollars.

(A) subscribed
(B) valued
(C) supervised
(D) refurbished

□ **memorandum** 名 連絡メモ・回覧（= memo）
□ **property appraiser** 不動産査定官・固定資産査定官
　appraise 動 ～を鑑定する　名 appraisal 査定
　🌏 ap-「～に」praise「値段 (price) をつける」が語源です。
　property 名 資産・不動産　類 real estate 不動産
　🌏 proper- は「自分自身の」というラテン語が語源です。
　　proper は現在の英語では「適切な」という意味で使われますね。

6. (B) valued

1. 選択肢には動詞の過去形または過去分詞が並んでいます。
2. 目的語には this property「この不動産」が来ています。よって自動詞の subscribe「定期購読する」はここには置けません。
3. refurbish「～を改装する」や supervise「～を監督する」であればよさそうですが、this property の後ろに at $20 million という前置詞句は語法上とれません。正解は value A at B「AをBと評価する」という形をとる value です。

訳▶ 社内メモによると、不動産査定官サンドラ・マツキがこの不動産を2千万ドルと査定したそうです。

Word Network

A **subscribe** 動 定期購読する

　もともとは sub-「下に」scribe「書く」、ということから契約することを表します。インターネット、ケーブルテレビ、携帯電話の契約などにも subscribe は使われます。

subscribe to A Aを定期購読する
subscriber to A Aの加入者・Aの定期購読者
subscription to A Aの定期購読

B **value** 動 ～に価値を置く 名 価値
value A at B AをBと評価する
　類 **appraise A at B** AをBと評価する
　類 **estimate A at B** AをBと見積もる

C **supervise** 動 ～を監督する
supervisor 名 上司・監督者 類 boss, manager
supervision 名 監督・指揮
under the supervision of A Aの指揮のもとに

D **refurbish** 動 ～を改装する 類 renovate, remodel
refurbishment 名 改装 類 renovation, remodeling

⏰ 解答目標タイム 25 秒

7. Mr. Levinson is the perfect example of the type of ------- professional that Chronoware hires.

(A) experienced
(B) lavish
(C) combustible
(D) reciprocal

□ **perfect** 形 完璧な
□ **example** 名 例
□ **professional** 名 プロフェッショナル　形 プロの

7. (A) experienced

1. 選択肢には形容詞が並んでいます。

2. 空欄の後ろには professional「プロフェッショナル」という人を表す名詞が来ています。人を表す名詞を修飾するのは experienced「経験豊かな」です。「経験した」という意味だと思ってしまうと正答が選べないので間違う人が多いです。そのため何度も出題されています。

TOEIC では knowledgeable「知識が豊富な」や skilled、skillful「熟練した」と言い換えになります。

訳▶ レビンソンさんはクロノウェアが雇っている経験豊富なプロフェッショナルの好例である。

Word Network

A **experienced** 形 経験豊かな
　experience 動 〜を経験する
　　　　　　　　名 経験

B **lavish** 形 贅沢な・派手な　類 luxurious
　　　　　　　惜しまない・気前のよい　類 generous
　　　　　動 〜を惜しげなく与える
　lavishly 副 豪華に・ぜいたくに・惜しげなく
　● 元々「どしゃぶり」を表す語でしたが、そこから何かが「多い」ことを表すようになりました。

C **combustible** 形 可燃性の　類 flammable
　　　　　　　　　　　　　　　反 incombustible 不燃性の
　　　　　　　　名 可燃物
　combust 動 〜を燃焼する　類 burn
　combustion 名 燃焼・騒動

D **reciprocal** 形 相互の　類 mutual
　　　　　　　　互恵的な
　reciprocate 動 〜を相手に返す　類 return
　reciprocation 名 返礼　類 return

解答目標タイム 15秒

8. The assistant editor position requires ------- experience in planning and conducting editorial projects.

(A) excessive
(B) expensive
(C) extensive
(D) expressive

- **assistant** 名 補佐・アシスタント
  assistance 名 補助 類 help
  ● assistantは可算名詞で、assistanceは不可算名詞です。
- **experience in A** Aの経験
- **conduct** 動 ～を行う 類 perform, carry out
- **editorial** 形 編集の

8. (C) extensive

1. 選択肢には ex- ではじまり、-ive で終わる形容詞が並んでいます。

2. 空欄の後ろには experience「経験」という名詞があります。expensive「値段が高い」と expressive「表現の」は通例この語と共に使われません。

3. よって、ここにこの語と相性のいい extensive「幅広い・豊富な」を入れれば、「編集補佐の職には豊富な経験が求められる」となり意味が通ります。excessive「過度の」はネガティブな意味なので文意に合いません。

訳▶ 編集補佐の職には、編集プロジェクトを計画し行った豊富な経験が求められる。

Word Network

A **excessive** 形 過度の **excess** 名 超過
   exceed 動 ～を超える
   ● ex-「外へ」-ceed「進む」というのが語源です。

B **expensive** 形 値段が高い
   反 inexpensive 安い cheap, low-priced, affordable, reasonable
   expense 名 費用・出費 類 expenditure, cost
   expend 動 ～を費やす
   ● spend は expend の頭の音が落ちた語です。

C **extensive** 形 幅広い・豊富な 類 broad, comprehensive
   extent 名 広さ・範囲 to some extent ある程度は
   extend 動 ～を伸ばす・延長する・与える 類 offer, present
   extension 名 拡張・内線
   ● ex-「外へ」に tend「伸ばす」というのが語源です。内線の意味で ext. という略語も使われます。

D **expressive** 形 表現の・表現豊かな
   express 動 ～を表す **expression** 名 表現
   ● ex-「外へ」press「押す」 ➡ 感情を外に出す。

⏰ 解答目標タイム 15 秒

9. The Gattler Institute develops substances that are ------- to laboratories conducting certain types of analysis.

(A) versatile
(B) credential
(C) indispensable
(D) prone

□ **institute** 名 協会・研究機関　動 ～を制定する
□ **develop** 動 ～を開発する
□ **substance** 名 物質　類 material
□ **laboratory** 名 実験室・研究室
□ **conduct analysis** 分析を行う
　analysis 名 分析
　analyze 動 ～を分析する

9. (C) indispensable

1. 選択肢には形容詞が並んでいます。
2. 空欄の前にはbe動詞、後ろには前置詞のto、そしてlaboratories「実験室」という名詞があります。よってここにindispensable「不可欠な」を入れれば「実験室にとって不可欠な物質」となり意味が通ります。be prone to A「Aしがちである」のAの位置にはillness「病気」のような良くないことを表す名詞が来ます。

訳▶ ガトラー協会は、ある種の分析をする実験室に欠かせない物質の開発をしている。

Word Network

A **versatile** 形 用途の広い・多才な
　versatile facility 多目的施設　**versatile writer** 多才な作家
　versatilely 副 多才に　**versatility** 名 多才

B **credential** 形 信用証明の
　credentials 名 証明物・資格　類 certificate
　🗨 この言い換えはPart 7に出たことがあります。
　certify 動 ～を認定する・～を保証する
　credit 名 信用・信用貸し　動 ～を信じる

C **indispensable** 形 不可欠な　類 essential
　be indispensable to/for A　Aに不可欠だ
　be indispensable for/in doing　～するのに不可欠だ
　dispensable 形 なくても済む
　dispense 動 ～を分配する・～を投与する
　dispenser 名 自動販売機　類 vending machine
　　　　　　　　薬剤師　類 pharmacist

D **prone** 形 傾向のある・受けやすい
　be prone to A　Aしがちである・Aを受けやすい
　　　　　類 be susceptible to A, be vulnerable to A
　be prone to do　～しがちである　類 be liable to do

⏰ 解答目標タイム 20 秒

10. The lack of rain in Indiana this year has further ------- the problem of inadequate water supply for crops.

(A) solicited
(B) aggravated
(C) boasted
(D) showcased

- **lack of A**　Aの不足　類 shortage of A
- **further**　副 さらに
- **inadequate**　形 不十分な
- **supply**　名 供給
- **crop**　名 作物・農産物・収穫高　類 harvest

10. (B) aggravated

1. 選択肢には動詞の -ed 形が並んでいます。

2. 主語には The lack of rain「雨不足」、目的語には the ... inadequate water supply「水の供給が不足している問題」とあります。よって、aggravate「〜を悪化させる」を入れれば「雨不足が水の供給が不足している問題を悪化させた」となり文意に合います。この語は直前にある further「さらに」と相性がよく、一緒に使われることが多いです。

訳▶ 今年のインディアナ州の雨不足により、作物への水不足問題がさらに悪化した。

Word Network

A **solicit** 動 〜を懇願する 類 ask for
　😊 選択肢にもよく出てくる単語なので必ず覚えておきましょう。
　solicitation 名 懇願・誘い

B **aggravate** 動 〜を悪化させる 類 make worse
　　　　　　〜を怒らせる 類 annoy
　aggravation 名 悪化・怒り
　😊 grave「重大な」が単語の中に入っているので、「さらに重くする」と覚えておきましょう。

C **boast** 動 自慢する・〜を誇る 類 proudly have
　　　　　名 うぬぼれ・誇り
　😊 良い意味でも悪い意味でも使われます。
　He always boasts about his income.「彼はいつも収入を自慢する」
　The city boasts the biggest stadium in the country.
　「その市は国内で一番大きなスタジアムを誇っている」
　boastful 形 自慢する・豪語する

D **showcase** 動 〜を展示する・〜を披露する
　　　　　　　名 陳列棚・披露する場
　😊 show「見せる」と case「ケース」からできている単語なので覚えやすいです。

覚えておきたい言い換え集

acknowledge	**recognize** ～を認める 😊 名詞形の recognition には「認識」だけでなく「感謝（= appreciation）」の意味もあります。
affect	**impact / influence** ～に影響する
catch	❶ **attract / draw** （注意など）を引く ❷ **seize** ～を捕まえる　❸ **understand** ～を理解する
conduct	❶ **carry out / perform** ～を実行する ❷ **hold** （セミナーなど）を行う
confidential	**secret** 機密の・秘密の
critical	❶ **essential / crucial** 重大な　❷ **批判的な**
deal	❶ **arrangement** 取り決め　❷ **amount** 量
entertain	❶ **consider** ～を考慮する　❷ **amuse** ～を楽しませる
extend	❶ **present / offer** ～を与える ❷ **prolong** ～を延期する
edge	❶ **advantage** 有利　❷ 端
gift	❶ **talent** 才能　❷ **present** 贈り物
matter	❶ **situation** 状況　❷ **substance** 物質 ❸ **problem** 問題
oversight	❶ **error / mistake / omission** 見落とし ❷ **supervision** 監督
practice	❶ **routine** 習慣　❷ **exercise** 練習 😊 exercise には「活動（=activity）」の意味もあります。
promise	**expectation** 見込み
a range of	**an array / assortment / selection / variety of** 様々な～
reflect	❶ **think about / consider** ～についてよく考える ❷ **indicate** ～を示す
secure	❶ **obtain** ～を手に入れる　❷ **certain** 確実な 😊 もちろん「安全な」の意味もあります。

接辞は選択肢の品詞が何なのかを特定する時にとても役立ちます。
ここにあげたものは是非覚えておきましょう。

動詞化接尾辞

-ify/-fy	clarify	〜を明らかにする	clear「明らかな」+ -ify
-ize	categorize	〜を分類する	category「カテゴリー」+ ize
-en	broaden	〜を広げる	broad「広い」+ -en

名詞化接尾辞

-ance/-ence	residence	住居	reside「住む」+ -ence
-ency/-cy	fluency	流暢さ	fluent「流暢な」+ -cy
-ity/-ty	probability	可能性	probable「ありそうな」+ -ity
-ion	organization	組織	organize「〜を組織する」+ -ion
-ment	enjoyment	楽しみ	enjoy「〜を楽しむ」+ -ment
-ness	kindness	やさしさ	kind「やさしい」+ -ness
-th	strength	強さ	strong「強い」+ -th
-ology 学問	psychology	心理学	psycho-「心の」+ -ology
-ant/-ent 人	assistant	アシスタント	assist「〜を支援する」+ -ant
-er/-or/-eer 人	interpreter	通訳者	interpret「〜を通訳する」+ -er
-ee される人	employee	被雇用者	employ「〜を雇う」+ -ee
-an/-ian 人	musician	ミュージシャン	music「音楽」+ -ian
-ist 人	pianist	ピアニスト	piano「ピアノ」+ -ist
-gram/-graph/-graphy	biography	伝記	bio-「生命」+ -graphy

形容詞化接尾辞

-able/-ible できる・すべき	reliable	信頼できる	rely「頼る」+ -able
-ic	economic	経済の	economy「経済」+ -ic
-al	economical	経済的な	economic「経済の」+ -al
-ful 満ちた	peaceful	平和な	peace「平和」+ -ful
-ish	childish	子どもっぽい	child「子ども」+ -ish
-less 〜ない	doubtless	疑いのない	doubt「疑い」+ -less
-ous	dangerous	危険な	danger「危険」+ -ous
-ive	supportive	協力的な	support「〜を支える」+ -ive
-ant/-ent	pleasant	心地よい	please「〜を喜ばせる」+ -ant
-ory	advisory	忠告の	advise「〜に忠告する」+ -ory
-y	cloudy	曇りの	cloud「雲」+ -y

Challenge!

第8章
挑戦!
超ハイスコアレベル問題 10

🔊 8-1 〜 8-10

ここで差がつく!
わからなくても
あきらめない

ハイスコアレベル問題、10問です。

10問 × 20秒 = 200秒 (3分20分)

以内で解きましょう。

中・上級者は、「解答目標タイム」の
合計170秒 (2分50秒) 以内

を目指してください。

解答目標タイム 20 秒

1. After Mark Morris introduces the company's new video game console, he will ------- questions from the press.

(A) audit
(B) field
(C) lower
(D) vacate

□ **introduce** 動 ～を紹介する・～を導入する
□ **game console** ゲーム機
　console 名 操作盤・(テレビなどの) キャビネット
　😊「～を慰める」と同じスペルですが、「操作盤」の場合はcon-にアクセント、「慰める」の場合-soleにアクセントが来ます。
□ **question** 名 質問 動 ～に尋ねる・～に疑問を抱く
□ **press** 名 報道陣

1. (B) field

1. 選択肢には動詞が並んでいます。

2. 空欄の後ろには questions「質問」と from the press「報道陣から」とあるので、field「〜に答える」を入れれば意味が通ります。field a question「質問に(うまく)受け答える」はレベルの高いフレーズです。

   question は ask a question「質問する」、answer a question「質問に答える」、have a question「疑問を抱く」、raise a question「質問/問題を提起する」など様々な動詞と使われて出てきます。

訳 ▶ マーク・モリスが会社の新しいテレビゲーム機を紹介したあと、報道陣からの質問に受け答える。

Word Network

A **audit** 動 〜を監査する
   名 会計検査・監査
   auditor 名 会計検査官・傍聴人
   😊 audi-「耳・聞く」が入っており、「証言を聞く」というのが語源です。

B **field** 動 〜に(うまく)答える・〜を処理する
   名 野原・分野　類 realm

C **lower** 動 〜を下げる　類 reduce, decrease　下がる　類 decrease
   形 低い方の・下位の　反 upper 上の方の
   😊 low「低い」の比較級が有名ですが、動詞としてもよく使われます。

D **vacate** 動 (職)を退く　類 leave, resign from
   (建物・部屋など)から立ち退く　類 leave
   vacation 名 休暇　類 leave, holiday
   on vacation 休暇で　類 on leave, on holiday
   反 on business 仕事で
   vacant 形 空いている　類 unoccupied　反 occupied ふさがった
   😊 vacは「空(から)」を表す接辞です。仕事が空なのが「休暇」ですね。他にもvacuum「真空・掃除機をかける」evacuate「避難する」にもvacが入っています。

1 月 日　2 月 日　3 月 日　4 月 日　5 月 日

解答目標タイム 20 秒

2. Mr. Wilson said there were indications that the economic situation could ------- even further.

(A) streamline
(B) deteriorate
(C) suffice
(D) propel

- **indication** 名 兆候
  indicate 動 ～を示す
- **economic** 形 経済の
  economics 名 経済学
- **situation** 名 状況
  類 condition, state, circumstances, surroundings, environment
  ● circumstances と surroundings には -s がつきますので注意しましょう。
- **even＋比較級** より～
- **further** 副 さらに

2. (B) deteriorate

1. 選択肢には動詞が並んでいます。

2. 空欄の後ろには ever further「よりいっそう」という副詞があります。よって、自動詞として使うことができ、further と相性がいい deteriorate「悪化する」が正解です。suffice「十分である」も自動詞ですが、「さらに十分である」では意味が通りません。

訳▶ ウィルソンさんは、経済状況はさらに悪化するかもしれない兆候があると語った。

Word Network

A **streamline** 動 ～を能率化する 類 make ... more efficient
The new policy has been introduced to streamline the production process.
「生産過程を能率化するためにその新しい方針が導入された」
stream 名 小川・流れ・風潮
streaming 名 ストリーミング

B **deteriorate** 動 悪化する 類 get worse
deterioration 名 悪化 類 decline, regression, degradation
ameliorate 動 改善する 類 improve, enhance
amelioration 名 改善・向上
● deteriorate は terior「より悪い」、ameliorate は melior「より良い」というのが語源の単語です。

C **suffice** 動 十分である
sufficient 形 十分な 類 enough
sufficiently 副 十分に
sufficiency 名 十分 (な状態)

D **propel** 動 ～を推進する・～を駆り立てる 類 drive
propel A into action Aを行動に駆り立てる
● 「動かす」というのが語源の単語です。propeller「プロペラ」は飛行機などを動かすので覚えやすいです。

第8章 超ハイスコアレベル問題　213

解答目標タイム 15 秒

3. The plunge in CTJ Insurance's stock price may be a sign of an ------- financial crisis in Europe.

(A) impending
(B) admonishing
(C) assuming
(D) officiating

□ **plunge** 名 急落　動 急落する・突っ込む・飛び込む
□ **stock** 名 株　類 shares
　stock market 株式市場
　stockholder 株主　類 shareholder
□ **sign** 名 兆候　類 indication, index
　　　　印・標識
□ **financial** 形 財政の・財務の
　finance 名 財政
　financing 名 資金調達・融資
□ **crisis** 名 危機
　💡 複数形はcrisesです。

3. (A) impending

1. 選択肢には動詞の -ing 形が並んでいます。
2. 空欄の前には冠詞の an、後ろには financial crisis「経済危機」という名詞が来ています。
3. よって、この名詞を適切に修飾する語を選びます。impending「差し迫った」という形容詞であれば、「差し迫った経済危機」となり意味が通ります。

   impend「差し迫る」という動詞もありますが impending で形容詞として使われることのほうが多い語なので、impending で覚えましょう。

訳 ▶ CTJ 保険の株価の急落はヨーロッパの差し迫った経済危機の兆候かもしれない。

Word Network

- **A** **impending** 形 目前の・差し迫った
  類 approaching, imminent, immediate
- **B** **admonish** 動 ～に勧告する 類 warn
  ～を穏やかに叱る 類 reprimand, scold

  admonish A for B A (人) を B のことで叱る

  admonition 名 叱責・忠告
- **C** **assume** 動 ～と仮定する 類 suppose
  (義務や責任) を負う・担う 類 take on

  assume the responsibility for A A の責任を負う

  💬 Part 7 で assume を be responsible for に言い換える問題が出題されました。

  assumption 名 仮定・引き受けること
- **D** **officiate** 動 ～を執行する・職務を行う

  Mr. Slater officiated as chairperson at the meeting.
  「スレーター氏は会議で司会を務めた」

  💬「審判を務める」という意味もあります。

  official 形 公の・公式の

| 1 月 日 | 2 月 日 | 3 月 日 | 4 月 日 | 5 月 日 |

第8章 超ハイスコアレベル問題　215

⏰ 解答目標タイム **15秒**

4. The divers are aware that the water will seem very cold until their bodies ------- to the temperature.

(A) implement
(B) acclimate
(C) itemize
(D) pertain

☐ **temperature** 名 温度
　temperate 形 (温度・気候・言葉遣いなどが) 穏やかな・節度のある
　temper 名 機嫌・平常心
　　　　　動 〜を和らげる・〜を調節する
　be in a good/bad temper 機嫌がよい/悪い
　lose one's temper 腹を立てる
　temperament 名 気質

4. (B) acclimate

1. 選択肢には動詞が並んでいます。
2. 空欄の後ろには前置詞の to があります。これと相性がいいのは acclimate to A「Aに慣れる」か pertain to A「Aに関係する」です。
3. 文意をとると、「体が（水）温に〜までは、水はとても冷たいだろう」とあるので acclimate「慣れる」がふさわしいとわかります。

訳▶ ダイバー隊は体が温度に慣れるまでは水はとても冷たいかもしれないということを知っている。

Word Network

A **implement** 動 〜を実行する 類 carry out, conduct, perform
名 道具
implementation 名 実施

B **acclimate** 動 慣れる・〜を慣れさせる
get acclimated to A Aに慣れる 類 get accustomed/used to A
acclimate to A Aに慣れる
● climate「気候・地域」に慣れさせるというのが語源です。

C **itemize** 動 〜を項目別に分ける・〜の詳細を示す
itemization 名 項目別分類
itemized 形 明細を記入した
an itemized bill 明細を記入した請求書

D **pertain** 動 関係がある・当てはまる
Article 17 in the document pertains to carbon dioxide emissions.
「文書の規約17条は二酸化炭素の排出に関するものである」
The seminar pertains to store managers.
「そのセミナーは店長たちにふさわしいものです」
pertain to A Aに関係がある・Aに付随する・Aにふさわしい
pertaining to A Aに関する 類 relating to A
● pertaining toは前置詞のように使われます。

第8章 超ハイスコアレベル問題　217

解答目標タイム 15 秒

5. The planning committee was ------- in adopting the proposal Ms. Celosia had put forward.

(A) continuous
(B) conspicuous
(C) prosperous
(D) unanimous

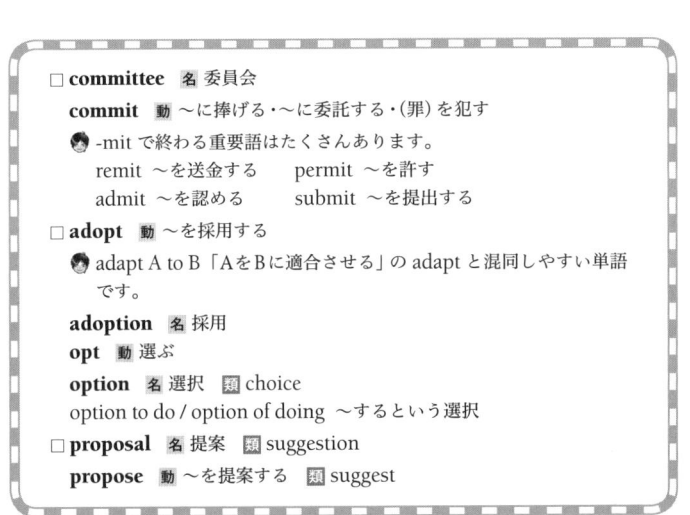

□ **committee** 名 委員会
　commit 動 ～に捧げる・～に委託する・(罪) を犯す
　😊 -mit で終わる重要語はたくさんあります。
　　remit ～を送金する　　permit ～を許す
　　admit ～を認める　　submit ～を提出する
□ **adopt** 動 ～を採用する
　😊 adapt A to B「AをBに適合させる」の adapt と混同しやすい単語です。
　adoption 名 採用
　opt 動 選ぶ
　option 名 選択　類 choice
　option to do / option of doing　～するという選択
□ **proposal** 名 提案　類 suggestion
　propose 動 ～を提案する　類 suggest

5. (D) unanimous

1. 選択肢には -ous で終わる形容詞が並んでいます。
2. 主語には committee「委員会」が、空欄の直前には was、後ろには in adopting という〈in＋doing〉の形が来ています。このことから、be unanimous in doing「満場一致で〜する」の形をとる unanimous が正解だとわかります。

訳 ▶ 計画委員会はセロシアさんが出した提案を満場一致で採択した。

Word Network

A **continuous** 形 継続的な　類 continual
- 絶え間なく続く場合は continuous、断続的に続く場合は continual を使う傾向があります。

continue 動 続く・〜を続ける

continue doing/to do 〜し続ける
- continue は後ろに動名詞も to不定詞もとることができます。

B **conspicuous** 形 目立った　類 noticable
　　　　　　　　　　　　　反 inconspicuous 目立たない
　　　　　　　明白な　類 clear, obvious, evident
- 単語の中でspic「見える」が入っていることに気がつけば、覚えやすいです。

C **prosperous** 形 繁栄した・豊かな

prosper 動 繁栄する　類 flourish, thrive, succeed

prosper in A Aで成功する　類 succeed in A

prosperity 名 繁栄

D **unanimous** 形 満場一致の

be unanimous for A Aに満場一致で賛成する

unanimously 副 満場一致で
- un-「1つ」animous「心」➡「心が1つになる」というのが語源です。

unanimity 名 満場一致

reach unanimity （全員が）合意に達する

解答目標タイム 15秒

6. Mr. Tyler is so ------- a business leader that everybody is willing to follow his orders.

(A) prominent
(B) subsequent
(C) adjacent
(D) stringent

- **business leader** ビジネスリーダー
- **be willing to do** 進んで〜する
  反 be unwilling to do 〜したがらない
- **follow** 動 〜に従う
  following 形 次の　前 〜に引き続いて
- **order** 名 命令・注文・順序　動 〜を命じる・〜を注文する
  orderly 形 きちんとした
  in order 順番に
  The clerk arranged the shoes in order of size.
  「店員は靴をサイズ順に並べた」

6. (A) prominent

1. 選択肢には -ent で終わる形容詞が並んでいます。
2. 空欄の前後を見ると so ------- a business leader という〈so＋形容詞＋冠詞＋名詞〉の形があり、後ろには that 節が来ているので、so ~ that SV「とても~なので SV」の構文だとわかります。that 節には「皆が命令に進んで従う」とあることから prominent「卓越した」リーダーだとわかります。stringent が修飾するのは「規則」なのでここには置けません。

so/too/as を含む名詞句は、〈so(/too/as)＋形容詞＋冠詞＋名詞〉の語順になります。

訳▶ タイラー氏はとても卓越したビジネスリーダーなので、皆彼の指示に進んで従う。

Word Network

A **prominent** 形 卓越した 類 distinguished, outstanding, eminent, excellent
　　目立った 類 noticeable
　　重要な・よく知られた 類 important, distinguished
prominently 副 顕著に

B **subsequent** 形 その後の
subsequently 副 その後
sequence 名 連続・順番
　sub-「下に」sequent「続く」というのが語源です。

C **adjacent** 形 隣接した 類 close, next, contiguous
The lodge is adjacent to the ski slope.
「山荘はスキー場に隣接している」

D **stringent** 形 厳しい 類 strict, stern, severe
　4つともスペルが似ているのでまとめると覚えやすいですし、sturdy「丈夫な」、strong「強い」なども str- が入るのでイメージしやすいですね。

stringent measure 厳しい措置

⏰ 解答目標タイム 15 秒

7. Much to everyone's surprise, Mary Kamata was promoted to senior architect only three months ------- her employment.

(A) into
(B) throughout
(C) via
(D) as

□ **much to one's surprise** （人が）とても驚いたことに
□ **be promoted to A** Aに昇進する
□ **architect** 名 建築家
  architecture 名 建築
□ **employment** 名 雇用

7. (A) into

1. 選択肢には前置詞が並んでいます。

2. 空欄の前には three months「3カ月」という時間の表現、後ろには her employment「彼女の採用」という名詞が来ています。よって、〈時間 + into + A〉「Aの〜後」という形をとることができる into を入れれば、「彼女の採用後3カ月で」という、文法上も意味上も適切な形が出来上がります。throughout her employment「彼女の雇用期間中ずっと」という形を作ることはできますが、直前の three months の説明がつきません。

訳▶ 皆がとても驚いたことにマリー・カマタは雇われてわずか3カ月で上級建築家に昇進した。

Word Network

A **into** 前 〜の中に・(時間の) 中まで
  well into the night 夜遅くまで
  → 変化のinto
  change/turn/transform A into B　AをBに変える
  divide A into B　AをBに分ける
  classify A into B　AをBに分類する
  integrate/consolidate A into B　AをBに統合する

B **throughout** 前 〜じゅうに 類 across
  throughout the country 国中で 類 across the country

C **via** 前 〜を通して 類 through
  via e-mail Eメールで

D **as** 前 〜として
  接 〜する時 類 when
  　〜なので 類 because
  　〜するように 類 the way, like
  → 動詞 + A as B
  regard/see/view/think of A as B　AをBとみなす
  describe A as B　AをBだと言う
  treat A as B　AをBとして扱う
  accept A as B　AをBとして受け入れる

解答目標タイム 20 秒

8. Mr. Rogers will ------- over the board meeting because the CEO will be in Germany for a conference.

(A) preside
(B) procure
(C) amend
(D) exemplify

□ **board meeting** 取締役会・重役会議
□ **conference** 名 会議

8. (A) preside

1. 選択肢には動詞が並んでいます。
2. 空欄の後ろには over という前置詞と the board meeting「取締役会」という名詞があります。よって、preside over A「Aの議長を務める」の preside を入れれば「取締役会の議長を務める」となり意味が通ります。

訳▶ 会議のため CEO はドイツにいるので、ロジャーズさんが取締役会の議長を務める。

Word Network

[A] **preside** 動 議長を務める・取り仕切る・統率する
preside over A Aの司会を務める・Aを取り仕切る・Aを統率する
presidency 名 社長の職・大統領の職・社長の任期・大統領在任期間
president 名 社長・大統領
🔹 pre-「前に」-side「座る」という語源を知っていれば覚えやすい単語です。

[B] **procure** 動 〜を入手する 類 obtain, acquire
Karen procured the funding for the project.
「カレンはそのプロジェクトのための資金を入手した」
procurement 名 獲得 類 acquisition

[C] **amend** 動 〜を訂正する・〜を改良する 類 improve
（法律）を改正する
amendment 名 改良・修正・改正
🔹 a-「離す」、mend「間違い」→「間違いを正す」というのが語源です。この amend の a の音が消失したのが mend「〜を改善する・修繕する」という単語です。

[D] **exemplify** 動 〜を例証する・〜のよい例となる 類 represent
John exemplifies the principles of our corporate culture.
「ジョンはわが社の社風の原理を示した好例である」
exemplification 名 例証・実例
example 名 例

| 1 | 月 日 | 2 | 月 日 | 3 | 月 日 | 4 | 月 日 | 5 | 月 日 |

解答目標タイム 15 秒

9. According to the company newsletter, the ------- from England is slated to arrive next month.

(A) obligation
(B) proportion
(C) instruction
(D) delegation

- **according to A**　Aによると
- **company newsletter**　社内報・社内誌
- **be slated to do**　〜する予定になっている　類 be scheduled to do

9. (D) delegation

1. 選択肢には -ion で終わる名詞が並んでいます。
2. 空欄には is slated to arrive「到着する予定になっている」の主語になる名詞が入ります。「到着する」のは「人」なので delegation「派遣団」が正解です。

訳▶ 社内報によると、イングランドからの派遣団は、来週到着する予定になっている。

Word Network

A **obligation** 名 義務
  obligate 動 義務を負わせる
  obligate A to do Aに〜させる 類 compel A to do, force A to do
  obligatory 形 義務の
    類 mandatory, compulsory, required 反 optional
  😊 mandate that SV原形「SがVするよう命じる」も出てきたことがあるので覚えておきましょう。

B **proportion** 名 割合 類 rate, ratio
  😊 プロポーションがいいというのは体のパーツの割合がいいということですね。
  proportional 形 比例した・釣り合った 類 proportionate
  portion 名 部分 類 part, segment, fragment

C **instruction** 名 指示
  😊 instructionsという複数形で「取扱説明書」の意味でよくTOEICに出てきます。
  instruct 動 〜に指示する・〜に教える
  instructive 形 ためになる・勉強になる
  😊 in-「中に」struct「建てる」➡「心の中に築き上げる」というのが語源です。

D **delegation** 名 使節団・派遣団・委任
  delegate 名 代表・委員
        動 〜を代表に任命する・〜を派遣する・〜を委任する
  😊 delegation は集団を、delegate は個人を表します。

解答目標タイム 20 秒

10. Kate McLaren is ------- aware that webinars should be conducted for employees who cannot attend the seminar on Friday.

(A) collectively
(B) keenly
(C) eagerly
(D) inclusively

□ **be aware that SV** SがVするということに気付いている
□ **webinar** 名 オンラインセミナー
　ウェブを通して、離れたところからも参加できるセミナーのことです。

10. (B) keenly

1. 選択肢には副詞が並んでいます。
2. 空欄の後ろには aware「気付いた」という形容詞があります。この語と相性がいいのは keenly「痛烈に」です。be keenly aware that SV で「SがVすると痛感している」、be keenly aware of A で「Aを痛感している」という意味になります。形容詞の keen と eager は言い換え表現になりますが、-ly のついた副詞は意味が違うので注意です。

訳 ▶ ケイト・マクラーレンは、金曜日のセミナーに出席できない社員のためにオンラインセミナーを行うべきだということを痛感している。

Word Network

A **collectively** 副 集合的に
  collective 形 集合的な
  collect 動 〜を集める
  😊 correct「正しい・〜を訂正する」と混同しないようにしましょう。
  collection 名 収集

B **keenly** 副 痛烈に
  keenly feel 〜を痛烈に感じる
  keen 形 切望して・強い
  be keen to do 〜したいと望む 類 be eager to do, be anxious to do
  keen interest 強い関心

C **eagerly** 副 熱心に・しきりに
  eagerly wait for/await A 首を長くしてAを待つ
  eager 形 熱望して **eagerness** 名 熱意
  😊 keenはeagerと比べると米よりも英で好まれる表現です。

D **inclusively** 副 包括的に
  inclusive 形 包括的な
  include 動 〜を含む 類 involve, enclose
  include A in B AをBに含める
  including A Aを含む

Index

A

- a certain person ··· 092
- a facility for A ··· 078
- a facility to do ··· 078
- a lot of A ··· 169
- a number of 複数名詞 ··· 076
- a portion of A ··· 092
- a quantity of A ··· 076
- a range of A ··· 124, 175
- a search warrant ··· 078
- a selection of A ··· 124, 175
- a total of A ··· 076
- a variety of A ··· 124, 175
- a wealth of A ··· 084
- a week long ··· 091
- a wide array of A ··· 132
- a wide assortment of A ··· 132
- a wide range of A ··· 132
- a wide selection of A ··· 132
- a wide variety of A ··· 132
- an array of A ··· 175
- an assortment of A ··· 175
- an itemized bill ··· 216
- abandon ··· 032
- ability ··· 024, 096
- ability to do ··· 078, 096
- able ··· 096
- abnormal ··· 108
- about ··· 150
- abroad ··· 087, 131
- absence ··· 022
- absence of A ··· 022
- absent ··· 022
- absentee ··· 022
- Absolutely! ··· 092
- abundant ··· 148
- academic ··· 087
- accept ··· 192
- accept A as B ··· 222
- accept the offer ··· 192
- accidental ··· 150
- accidentally ··· 092, 150
- acclimate ··· 216
- acclimate to A ··· 216
- accommodate ··· 089
- accommodate needs ··· 089
- accommodations ··· 119
- accomplish ··· 056, 194
- accomplished ··· 194
- accomplishment ··· 194
- accord ··· 180
- accordance ··· 180
- according to A ··· 015, 027, 055, 180, 225
- accord with A ··· 180
- account ··· 058
- accountant ··· 097
- account for A ··· 058
- accounting ··· 151
- accumulate ··· 048
- accumulation ··· 048
- accumulative ··· 048
- accurate ··· 154, 164
- accurately ··· 154
- achieve ··· 056, 194
- achievement ··· 194
- acknowledge ··· 194
- acknowledged ··· 194
- acknowledgement ··· 194
- acquire ··· 022, 058, 224
- acquisition ··· 022, 058, 073, 224
- across ··· 172, 222
- across from ··· 172
- across from A ··· 172
- across the country ··· 222
- activate ··· 021
- active ··· 021
- actively ··· 021
- actual ··· 164
- actually ··· 164
- ad ··· 153
- adapt A to B ··· 040, 217
- add ··· 074
- add A to B ··· 074, 121
- addition ··· 074

additional	074, 122
additionally	074, 176
additive	074
address	186
address the needs	186
adequate	148
adequately	148
adjacent	220
adjust	040
adjust A to B	040
adjust to A	040
admission	080
admission fee	080
admit	080, 217
admonish	214
admonish A for B	214
admonition	214
adopt	217
adoption	217
advance	080, 178
advancement	080, 178
advantage	080
adverse	125
adversely	125
advertise	153
advertisement	153
advice	122
advisable	122
advise	122
advise A to do	122
advisor	122
affect	039, 125
affluent	084
afford	104
affordable	104, 114, 200
affordable price	104
affordably priced	033
after	106
age	144
aggravate	204
aggravation	204
agree	140
agreeable	140
agreeably	140
agreement	140, 180
agree to A	140
agree with A	140

ahead of schedule	066
aid	179
aim	089
all	014
allocate	020
allocate A for B	106
allocate A to B	020
allow	066
allow A to do	066, 096
almost	142
along with A	031
already	136
although	168
altogether	156
always	028
ameliorate	212
amelioration	212
amend	224
amendment	224
amid	172
amidst	172
amid the recession	172
among	172, 182
amount	076, 105
ample	148
ample for A	148
ample to do	148
amply	148
analysis	061, 139, 201
analyze	061, 139, 201
announce	155
announcement	155
annoy	204
annual	047
another	014
answer	044
answer A	044
anticipate	176
anticipation	176
anxious	098
apologize	088
apologize to 人 for A	088
apology	043, 088
app	137
apparel	145
appear	052, 056
appearance	052

applicant	031, 081, 083
application	137
apply for A	013
appoint	020, 044
appoint A (as) B	060
appoint A to do	044
appointment	044
appoint 人 (as) 役職	044
appoint 人 to 職	044
appraisal	195
appraise	195
appraise A at B	052, 196
appreciate	070
appreciation	070
approaching	214
appropriate	106
appropriate A for B	106
appropriately	106
approval	140
approve	194
approved	194
approve (of) A	099
approximate	150
approximately	150
aptitude	138
architect	221
architecture	221
ardent	028
area	119
argumentative	060
around	150
art	123
as	077, 170, 222
as a result	174
as far as A be concerned	141
as far as SV	141
as for	021
as long as	141
as long as SV	141
as of	021
as opposed to	178
as scheduled	066
as well	021
A as well as B	168
ask	018
ask for	204
assembly line	039

assess	035, 090
assess A at B	052
assessment	087
assets	074
assign	020
assign A to B	020
assignment	020
assistance	199
assistant	199
association	149
assume	214
assume A	056
assume the responsibility for A	214
assuming that	050
assumption	214
assurance	034
assure	034
assure 人 (of) A	034
assure 人 that SV	078
at A's insistence	186
at first	152
at least	031
at once	106
at present	148
at the beginning of A	075
at the end of A	075
at the insistence of A	186
at the rate of A	090
at the request of A	186
at the same time	095
attach	052
attach A to B	052
Attached is A	052
Attached please find A	052
attachment	052
attend	013, 020
attend A	022, 141
attendance	020, 021, 056
attendant	020
attendee	020, 022, 145
attend to A	020
attention	020
attentive	124
attire	145
attract	090, 205
attribute A to B	111

audio-visual ·············· 103
audit ·············· 210
auditor ·············· 210
author ·············· 036, 079
authority ·············· 036, 079
authority to do ·············· 057
authorization ·············· 036
authorize ·············· 036, 079
authorize A to do ·············· 036
authorized ·············· 079
automated ·············· 101
automatic ·············· 101, 146
automatically ·············· 146
automation ·············· 146
available ·············· 104
average ·············· 028
avid ·············· 028

B

bachelor's degree ·············· 081
banquet ·············· 145
basic ·············· 089
be able to do ·············· 096
be accustomed ·············· 046
be allowed to do ·············· 066
be anxious about A ·············· 098
be anxious for A ·············· 098
be anxious to do ·············· 098, 228
be appropriate for/to A ·············· 106
be apt to do ·············· 132
be aware that SV ·············· 227
be capable of doing ·············· 096
be careful of/about A ·············· 134
be certain of A/that SV ·············· 092
be certain that SV ·············· 092
be certain to do ·············· 092
be close to A ·············· 173
be committed to doing ·············· 046
be compatible with A ·············· 108
be composed of A ·············· 028
be comprised of A ·············· 028
be concerned about A ·············· 121
be concerned that SV ·············· 121
be confident of A ·············· 116
be confident that SV ·············· 116
be conveniently located ·············· 152
be convinced of A ·············· 116

be convinced that SV ·············· 116
be dedicated to doing ·············· 046
be dependent on A ·············· 104
be deserted ·············· 032
be deserving of A ·············· 192
be determined to do ·············· 032
be devoted to doing ·············· 046
be dressed ·············· 145
be dressed in A ·············· 145
be eager for ·············· 098
be eager to do ·············· 098, 228
be eligible for A ·············· 088
be eligible to do ·············· 088
be encouraged to do ·············· 069
be entitled to A ·············· 088
be entitled to do ·············· 088
be going to do ·············· 015
be held ·············· 163
be hesitant to do ·············· 066
be honored to do ·············· 092
be impressed ·············· 051
be impressed with A ·············· 100
be in a good/bad temper ·············· 215
be independent of A ·············· 104
be indispensable for/in doing ·············· 202
be indispensable to/for A ·············· 202
be intended for A ·············· 024, 150
be keen for ·············· 098
be keen to do ·············· 098, 228
be liable to do ·············· 132, 202
be likely to do ·············· 132
be limited to A ·············· 079
be located ·············· 082
be needed for A ·············· 083
be not allowed to do ·············· 066
be not supposed to do ·············· 066
be obliged to do ·············· 161
be opposed to A ·············· 178
be opposed to doing ·············· 046
be overwhelmed with A ·············· 114
be pleased with A ·············· 100
be privileged to do ·············· 092
be proficient at doing ·············· 096
be proficient in/at A ·············· 096
be promoted to A ·············· 221
be prone to A ·············· 202

be prone to do	132, 202
be proud of A	097
be proud that SV	097
be proud to do	097
be qualified for A	088
be qualified to do	088
be ready to do	136
be reimbursed by A	049
be reimbursed for C	049
be reputed to do	070
be responsible for	214
be restricted to A	079
be satisfied with A	100
be scheduled for A	066
be scheduled to do	066, 163, 225
be sensitive to A	113
be short of A	146
be slated for A	066
be slated to do	066, 225
be suitable for A	106, 142
be suitable to do	142
be supposed to do	185
be sure	170
be sure of A	092
be sure that SV	092
be sure to do	092
be susceptible to A	202
be thoughtful of/about A	134
be transferred to A	133
be unable to do	096
be unanimous for A	218
be unlikely to do	132
be unwilling to do	066, 219
be used to doing	046
be vulnerable to A	202
be wearing A	145
be willing to do	219
be worried about A	098
be worth	192
be worthy of	192
bear	034
because	077, 170, 222
because of	026
before A	080
before doing	046
begin	062, 152
beginner	101
behind schedule	066
believe A (to be) B	018
beneficial	150, 175
benefit	175
benefits	175
benefit(s) package	121, 175
between	168, 182
between A and B	053, 168
beyond	026
beyond repair	026
bitter criticism	134
board	167, 179
board meeting	223
boarding pass	179
boast	204
boastful	204
bolster	043
boss	095, 196
both A and B	168
branch	133
breadth	084
breathtaking	120
breathtakingly	120
brief	138, 144
brief conversation	138
briefly	138, 144
bring about	046
broad	084, 131, 132, 200
broadcast	064
broaden	131
budget	077
bureau	193
burn	198
business leader	219
business trip	049, 131
but	136
buy	058
by	013
By all means!	178
by contrast	126
by doing	019
by means of	178
by no means	178
by the beginning of	075
by the end of	075
by way of	127

C

cabin crew	179
cabinet	157
calling	188
candidacy	031
candidate	031, 081
cannot afford to do	104
capability	096
capability of doing / to do	096
capable	096
capacious	024
capacity	024, 096
capacity for doing / to do	024
career path	127
careful	028, 092, 110
carefully	028, 092, 110
cargo ship	082
carrier	056
carry	056
carry out	056, 082, 199, 216
casual	146
cause	039, 046, 050
caution	110
caution A about B	110
cautious	028, 110
cautiously	028, 110
celebrate	088
celebration	088
cell	034
central	089
CEO (chief executive officer)	155
ceremony	088
certain	092
certainly	092
Certainly!	092
certainty	092
certificate	202
certify	202
chain	091
challenge	118
challenging	118
change A into B	222
charity	045
cheap	033, 104, 200
chief	089
choice	217
choose A	032
circumstances	211
classified	043, 150
classify A into B	222
clear	072, 138, 218
client	153
climate	216
climb	074
close	220
closeness	150
clothes	145
clothing	145
coherent	028
coherently	028
collaborate	064
collaborate with A	064
collaboration	064
collaborative	064
collect	228
collection	228
collective	228
collectively	228
combust	198
combustible	198
combustion	198
commence	152
commend	036, 096
commend A for B	036, 096
commendation	036
commission	036
commit	036, 217
commit a crime	036
commitment	036
committee	036, 217
common	028, 107
commonly	028
commute	185
company newsletter	225
company picnic	041
company retreat	041
compatibility	108
compatible	108
compel A to do	226
compensate	072
compensate for	064
compensate for A	072
compensate 人 for A	072

Term	Page
compensation	072
compete	114
compete with A	114
competent	096
competition	114
competitive	033, 114
competitive salary	175
competitively priced	033
compile	139
complain	018
complain to 人 about A	018
complain to 人 of A	018
complaint	018
complementary	053, 122
complete	056, 059, 156
completely	076, 136, 140, 156
compliance	180
complimentary	053, 122
complimentary refreshments	122
comply	180
comply with A	180
compose	028
comprehend	124
comprehension	124
comprehensive	124, 200
comprise	028
compulsory	034, 113, 226
concentrate	038
concentrate on A	038
concentration	038
concern	121, 185
concerning	121
concerning A	185
concise	144
concisely	144
concision	144
conclude	042, 048
conclude with A	048
conclusion	115
condition	211
conduct	056, 082, 115, 199, 216
conduct analysis	201
conference	047, 177, 223
confidence	150
confident	138, 150
confidential	043, 150
confidentiality	150
confidentially	150
confidently	150
confirm	100
consensus	072
consent	072, 140
consequently	174
consider	018
consider A (as) B	018
consider A (to be) B	018
considerable	065, 108, 110, 122
considerably	122
considerate	122, 134
consideration	092
consist	028
consist of A	028
consistency	028
consistent	028
consistently	028
console	209
consolidate A into B	222
conspicuous	218
constrain	137
constraint	137
consult	050
consult A	186
consultant	050
consultation	050
contain	190
contained	190
containment	190
contend	060
contend with A	060
contenious	060
content	190
contention	060
contiguous	220
continual	218
continue	046, 146, 218
continue doing/to do	218
continuous	218
contract	090
contradict	126
contradiction	126
contradictory	126
contrarily	126
contrary	126

contrary to A	126
contrast	126
contribute A to B	070, 111
contribute to A	111
contribution	070
control	190
controversial	060
convenience	084, 152
convenient	084, 152
conveniently	152
convention	047, 118
conventional	118
convince	116, 158
convince A of B	116
convince A that SV	116
convince A to do	116, 158
convinced	116
convincing	116, 158
coordinate	095
coordinator	095
cope with A	060
copy machine	157
correct	164
correlation	139
cost	200
count	124
A count as B	124
count on A	020, 124
countless	124
country	169
coupon	037
courteous	085
cover	064
coverage	064
coverage area	064
craft	123
create	192
creation	192
creative	192
creativity	192
credential	202
credentials	202
credit	202
crises	213
crisis	213
critic	112
critical	112
critically	112
critically ill	112
crop	203
cruel	134
cue	100
culinary	123
culinary school	123
cumulative	048
current	128, 148
currently	107, 148
customer	153

D

dead	024
deadline	024
deal with A	060
decide	032
decide on A	032
decide to do	032
declaration	036
declare	036
decline	056, 074, 192, 212
decrease	074, 210
decrease sharply	160
deep	084
defective	071
define	138
definite	138
definitely	138, 152
Definitely!	178
definition	171
degradation	212
degree	044, 081
delay	084
delay A until B	084
delegate	020, 051, 226
delegation	051, 226
deliberate	092, 150
deliberately	092, 150
deliberation	092
delicacy	162
delicate	162
delicately	162
delicious	106
deliver	082
delivery	082
demand	018, 034

demanding	018
demanding job	018
demand that S (should) V原形	018
demonstrate	123
demonstration	123
demotion	042
deniable	148
dent	105
dental	105
dental appointment	105
dentist	105
deny	148
deny A B	148
deny doing	148
department	050, 065
dependable	020, 070, 104
dependable car	104
dependence	020
dependent	020, 104
depending on A	055
depend on A	020, 124
depth	084
derive from	050
describe	082, 121
describe A as B	222
description	082, 121
desert	032
deserve	192
deserve a promotion	192
deserve a raise	192
deserve criticism	192
deserve punishment	192
deserve to do	192
deserving	192
designate	040
designated	040
designated area	040
designation	040
desire	127
desired	127
desire to do	083
despite	168, 170
detach A from B	052
detail	194
detailed	194
deter A from doing	110, 112
deteriorate	212
deterioration	212
determine to do	032
detour	147
develop	201
device	071
diet	123
dietician	123
differ	055, 124, 133
difference	160
different	138
dining facilities	078
dinner	145
dinner event	145
dip	074
director	045, 071, 145
discourage A from doing	110
discover	016
discovery	016
discreet	028
discreetly	028
discuss A	186
dismiss	041
dispensable	202
dispense	202
dispenser	202
displease	100
dispose	042
dispose of A	042
distinct	138
distinction	138
distinctly	138
distinguished	220
distract	090
distribute A	056
distribute A to B	111
distributor	175
dive	074
diverse	124, 160
diversely	160
diversify	160
diversity	124, 160
divide	050
divide A into B	050, 222
dividend	050
division	050, 065
do not hesitate to do	193

doctor	105
doctoral degree	081
doctorate	081
doctor's degree	081
donate	070
donate A to B	070
donation	070
doubt	102
doubtful	102
draft	064
dramatically	160
drastically	160
draw a distinction between A and B	138
drive	212
drop	074, 159
drop sharply	160
drug store	105
dubious	102
due to	026
duration	182
during	182
during the past/last A	027
duty	055

E

each	014
eager	028, 228
eagerly	228
eagerly wait for/await A	228
eagerness	228
earlier	162
A is easy to do	101
economic	144, 211
economic affairs	144
economical	144
economically	144
economics	144, 211
economy	015, 144
editor	031
editorial	199
effect	125
effective	120, 154
effective in doing	154
effectively	154
efficiency	160
efficient	160
efficiently	160

efficient person	160
either A or B	168
elective	113
elemental	089
eliminate	164
emerge	052
emergence	052
emergency	052, 179
emergent	052
eminent	220
employ	041, 121, 125
employee	013
employer	013
employment	121, 221
empty	190
enable	096
enable A to do	096
enclose	048, 228
enclosed	048, 059
end	089
endorse	054
endorse a product	054
endorsement	054
endurance	034
endure	034
enhance	212
enormous	098, 134
enough	077, 148, 187, 212
ensure	034
ensure that SV	078
entail	034
enterprise	091
enthusiasm	028
enthusiastic	028
enthusiastically	028
entire	156
entirely	140, 156
entrepreneur	091
environment	211
equip	103
equipment	039, 103
era	144
error	108
essential	089, 112, 202
establish	035, 091, 190
established	190
establishment	190

estate	074
estimate	052
estimate A at B	052, 196
estimation	052
ethical standard	161
evacuate	179, 210
evacuation	179
evacuation drill	179
evaluate	035, 090
evaluation	035, 087
even	101
even＋比較級	211
event	180
eventual	180
eventually	180
every	014
every possible	039
evident	218
exact	154, 164
exactly	154, 164
exactly the same way	164
example	197, 224
exceed	032, 200
exceed expectations	026
excel	032
excel at/in	032
excellence	032
excellent	032, 220
except	172
except for A	172
except (that) SV	172
excess	200
excessive	032, 200
exchange A for B	016
excited	028
excitedly	028
exclude	042, 164
exclusive	164
exclusively	103, 164
exclusiveness	164
exclusivity	164
exemplification	224
exemplify	224
exhibition	069
expand A into B	075
expect	032, 176
expectation	025, 032, 176

expend	200
expenditure	200
expense	200
expensive	033, 200
experience	198
experienced	194, 198
experience in A	199
explain A	058
express	200
express appreciation for	194
express gratitude for	194
expression	200
expressive	200
express one's appreciation for A	070
extend	044, 200
extend a welcome	044
extend an invitation	044
extend an offer	044
extension	044, 200
extensive	124, 200
extent	044, 200
extra	122
extreme	164
extremely	134, 164
extremity	164

F

facilitate	040, 080
facilitation	040
facilitator	040
facility	051, 078
faculty to do	078
fair	142
fair price	142
fairly	142
fall	074
fall sharply	160
far	025
faulty	071
feasibility	128
feasible	128
feature	062
feel free to do	193
field	210
fierce criticism	134
figure	078
figure out	078

file	157
fill an order	176
fill out	059
finance	213
financial	213
financial report	027
financing	213
find	082
fine	138
fire	041
first choice for A	119
fit	106
flammable	198
flexible	116
flight attendant	179
florist	023
flourish	218
flower	023
follow	219
following	219
for the last/past A	027
for the last/past ~months	159
for the meantime	174
force A to do	226
foreign	131
foreigner	131
forever	138
form	059, 146
formal	146, 154
formally	146, 154
former	140, 162
formerly	140, 162
fortunate	140
fortunately	140
fortune	074, 140
foster	080
found	035, 091, 190
foundation	035
founder	035
fragile	162
fragment	226
free	053, 104, 122
frequent	132
frequently	132
friendly	085
fruit and vegetables	072
fulfill	024, 190

fulfill the expectation	046
fund	035
fund-raiser	035
fund-raising	035
fundamental	089
furnish	050, 122
furnish A with B	103
further	203, 211
future	182

G

gain	022, 058
gala	045
game console	209
garment	145
gather	048
general	071, 152
generous	156, 198
generously	156
generous salary	156
get	022, 058
get acclimated to A	216
get accustomed to A	216
get on	179
get out of a car/vehicle	026
get used to A	216
get worse	212
give a presentation	123
give rise to	050
given	092
given that	050
global	171
globe	171
go abroad	131
go beyond expectations	026
go on a trip	131
go on strike	128
go smoothly	177
goal	089
good	120, 150
grasp	124
gratitude	070
gratuity	070
grave	204
greet	085
guarantee	034, 078
guarantee that SV	078

Index

Term	Page
guarantee 人 that SV	078
guest	153
guest commentator	061

H
Term	Page
hail	044
hail A (as) B	044
hand	056
hand in A	056
hand out A	056
harsh	134
harsh criticism	134
harshly	134
harsh weather	134
harvest	203
have A in common	028
have got to do	049
have not done yet	136
have to do	013, 049
have yet to do	136
head office	133, 163
headquarters	133, 163
help	179, 199
help A (to) do	179
helpful	102, 151
hence	174
hesitant	066, 193
hesitate	066
hesitate to do	066, 193
hesitation	066, 193
high enough	077
high-definition	171
highly	117
highly recommended	117
highly regarded	117
highly respected	117
hire	041, 121, 125
hold back	190
holiday	210
honor	092
honorable	102
hospitality	117
hospitality industry	117
however	174
huge	098, 134
human resources	079

Term	Page
human resources department	049, 160
hypotheses	115
hypothesis	115

I
Term	Page
identical	040
identification	040
identify	040, 100, 139
identify A as B	040
identify A with B	040
identity	040
if	050, 141, 170
If S should V	193
imaginable	118
imaginary	118
imagination	118
imaginative	118
imagine	118
immediate	106, 214
immediate action	106
immediately	071, 106, 146
immediately after A	106
immense	098, 134
immense amount	134
immensely	134
imminent	126, 214
impact	125
impending	214
implement	216
implementation	216
importance	110
important	110, 220
impose	042
impose A on B	042
impress	100
impressed	100
impression	100
impressive	100
improper	074
improve	046, 212, 224
in accordance with	180
in addition	074, 176
in addition to	176
in addition to doing	046
in advance	080, 178
in advance of	080

in answer to	176
in anticipation of	176
in a professional manner	120
in (close) proximity to	150
in compliance with	180
in contrast	126
in detail	194
in fact	164
in order	219
in order to do	059
in person	160
in place	176
in place of	176
in regard to	121
in regard to	178
in response to	176
in spite of	168, 170
in terms of	180
in the event of	180
in the meantime	174
in this regard	102
in this respect	102
in total	076
in transit	188
inadequate	148, 203
inappropriate	106
inaugural	070
inaugural speech	070
inauguration	070
include	042, 064, 164, 190, 228
include A in B	042, 228
including	042
including A	228
inclusive	042, 124, 228
inclusively	228
incombustible	198
inconsiderate	122
inconsistent	028
inconspicuous	218
inconvenience	084, 152
inconvenient	152
increase	074
increase by A	074
increase in A	074
increase sharply	160
indefinite	138
indefinitely	138
independence	104
independently	104
index	213
indicate	211
indication	211, 213
indiscreet	028
indispensable	202
indisputable	148
individual	138, 160
ineffective	154
inefficient	160
inexpensive	033, 104, 200
infer	133
influence	125, 205
inform 人 that SV	099
informal	146
informally	146
initial	152
initially	152
initiate	152
innovate	114
innovation	114
innovative	114
innumerable	124
inquire	034
inquire about A	034
inquire of 人	034
insensitive	113
insist	186
insist on A	186
insist that SV	186
insistence	186
inspire A to do	194
instead of A	176
institute	201
instruct	101, 105, 226
instruction	101, 105, 226
instruction manual	101
instructions	101, 226
instructive	226
instructor	101, 226
instrument	128
instrumental	128
insufficient	146
insurance	034, 064
integrate A into B	222
intend	150

intend to do	024, 091, 150
intensity	144
intensive	144
intensive course	144
intensively	144
intention	024, 091, 150
intentional	092, 150
intentionally	092, 150
intention to do	091
intern	087, 127
Internet service provider (ISP)	143
internship	087, 127
interviewee	013
interviewer	013
into	222
introduce	109, 209
introduction	109
introductory	109
introductory offer	109
invalid	120
invaluable	110
inventory	191
invitation	042
invite	042
involve	228
irregular	064
issue	054
item	072
itemization	216
itemize	216
itemized	216
items	191

J

join	022
join (in) A	022, 141
joint	022
joint venture	022
journey	052
jump	074
just	040

K

keen	228
keen interest	228
keenly	228
keenly feel	228
keep A from doing	110
kind	134
know	170
knowledge	083

L

labor	167
laboratory	201
laborer	167
lack	022
lack of A	022, 203
landmark	147
last	146
lately	148
latter	140
launch	062, 107
lavish	198
lavishly	198
law firm	097
lawn	189
lawnmower	189
lay off	041
lead	175
leading	175
leading company	175
lead to	034, 046, 050
leak	043
learn	169
leave	210
length	084
lessen	016
let A do	066
let out	075
liaison	078
liaison between A and B	078
Licensing Bureau	193
like	222
likely	132, 138
limit	076, 162
limit A to B	076
limitation	076, 162
limited	076
Limited	027
liquid	192
liquidate	192
liquidation	192

Term	Page
live	063
live up to	024, 046
LLP (limited liabilty partnership)	097
load	058
load A (車など) with B (荷物など)	058
load B (荷物など) into A (車など)	058
locate	082
location	082, 173
long	084
look forward to	046
look on A as B	040, 111
look up	186
lose	190
lose one's temper	215
lot of A, a	169
low	210
low-cost carier	135
low-priced	200
lower	016, 210
loyal customer	153
luncheon	149
luxurious	116, 198
luxury	116

M

Term	Page
M&A	073
main	089
main office	133
major	061, 089
major in A	061
make a distinction between A and B	138
make a donation to A	070
make a presentation	123
make an effort to do	039
make an order	176
make ... more efficient	212
make progress	086
make ... redundant	041
make room for A	106
make sure that SV	177
make up for A	072
make worse	204
management	025, 169
manager	095, 196
managerial	169
mandate that SV原形	226
mandatory	034, 113, 226
manner	086
manners	086
manual	101, 146
manually	146
many	098
market analysis	061
marketing department	103
market share	171
master's degree	081
material	108, 201
MBA (Master of Business Administration)	081
meaningful	110
means	178
meanwhile	174
measurable	158
measurably	158
measure	158
mediate	125, 167
mediation	167
medical	105
medicate	167
medication	167
medicine	105
meditate	167
meditation	167
medium	125
meet a deadline	024
meet an order	176
meet demands	024
meet expectations	024
meet needs	024, 089
meet requirements	024
meet standards	024
meet the expectation	046
meeting	047
member	019
membership	019
memo	195
memorandum	195
mention	186
merchandise	191

merger	073
mergers and acquisitions	073
merit	192
middle manager	167
misplace	190
misplaced	190
miss a deadline	024
mistake	108
mobile device	063
moderate	158, 188
moderate a meeting	188
moderately	158, 188
moderation	188
moderator	188
moreover	176
most likely	104, 120
motivate	194
motivate A to do	194
motivated	194
motivation	194
mow	189
much to one's surprise	221
multiple	076
mural	069
mutual	198

N

nationwide	075
near	142
nearly	142
nearness	150
negative	150
negatively	150
negotiate	048, 125
negotiate A with B	048
negotiation	125
neighbor	142
neither A nor B	168
newly	107
news report	015
newsletter	143
next	220
next+曜日	163
no later than A	013
no matter how	174
nominal	060
nominate	060

nominate A (as) B	060
nomination	060
norm	108
normal	028, 108
normally	108
not A but B	168
not just A but B	168
not merely A but B	168
not only A but (also) B	168
not only A but also B	021
not only A but B as well	021, 168
not simply A but B	168
notably	110
noticable	218
noticeable	220
novel	112
novice	112
now	148
nowadays	148
number	076, 098, 158
number of 複数名詞, a	076
number of 複数名詞, the	076
numeral	158
numerical	098, 158
numerically	158
numerous	098, 158
nurse	055
nutrition	126
nutritional	126
nutritionist	126

O

object to A	178
object to doing	046
objective	089
obligate	226
obligate A to do	226
obligation	113, 226
obligatory	034, 113, 226
obsolescence	128
obsolete	128
obtain	022, 058, 114, 224
obvious	072, 218
occupation	120, 188
occupied	210
occupy A	058
Of course!	092, 178

Term	Page
of help	102
of use	102
off duty	141
offer	038, 044, 133, 175, 200
official	154, 214
officially	154
officiate	214
often	132
omission	108
on a ~ schedule	053
on a autumn schedule	053
on a spring schedule	053
on a summer schedule	053
on a winter schedule	053
on account of	026
on behalf of	099
on board	179
on business	210
on duty	141
on holiday	210
on leave	210
on purpose	092, 150
on schedule	066
on ... terms with	180
on the contrary	126
on time	077
on vacation	210
only	103, 164
operate	054
operation	054, 125
operational	054
oppose	042, 178
opposite	172
opt	217
option	217
option of doing	217
option to do	217
optional	113, 226
order	219
orderly	219
ordinary	028
organ	062
organization	062
organize	062
organizer	062
originally	152
OTC	086
out of	026
out of control	026
out of curiosity	026
out of date	026
out-of-date	128
out of order	026
out of the question	026
outlet	075
outdated	128
outstanding	220
over the counter	086
over the last/past A	027
over the last/past ~months	159
overall	071
overseas	087, 131
oversee	108
oversight	108
overwhelm	114
overwhelming	114
overwhelmingly	114
owing to	026

P

Term	Page
part	226
participant	020, 022
participate	022
participate in A	017, 022, 141
participation	022
participation in A	117
particular	152
particularly	152
passenger	153, 179
past	182
patent	072, 099
path	127
patience	105
patient	105
patron	043, 090, 153
patronage	090
pay	072
pedal	127
pedestrian	127
pedestrian road	127
pedicure	127
pending	126
people present	123
perfect	197

perform	025, 056, 082, 115, 199, 216
performance	082
period	144
periodical	144
periodically	144
permission	036
permit	217
permit A to do	066
persist	146
persist in A	146
persistent	146
persistently	146
person	160
personal	160
personally	160
personnel	079, 103, 160
personnel department	160
persuade	116, 158
persuade A of B	116
persuade A that SV	116
persuade A to do	116, 158
persuasive	158
persuasively	158
pertain	216
pertaining to A	216
pertain to A	216
pharmaceutical	187
pharmacist	187, 202
pharmacy	105, 187
PhD (Philosophiae Doctor / Doctor of Philosophy)	081
photocopier	157
physician	105
pick up	046
place	176
place an order	176
plan	095
plan on doing	013
plan to do	013
pleasant	100
please	100
pleased	100
pleasure	100
plentiful	148
plenty of A	169
plummet	074
plunge	074, 213
policy	185
polite	085, 102
portfolio	031
portion	092, 226
position	031, 188
positive	150
positive effect	150
positively	150
possibility	120, 138
possible	138
postpone	062
postpone A by/for B	062
postpone A until B	062
potential	138
potential customer	138
potentially	138
power tool	189
practice	074
praise	096
praise A for B	036, 096
precaution	110
precious	033
precise	164
precisely	164
precisely the same way	164
precision	164
prefer	133
preparation	050, 177
prescribe	086
prescribe A (患者) B	086
prescribe B for A	086
prescription	086
presence	022
present	022, 044, 123, 148, 182, 200
presentation	123
present situation	123
preside	224
preside over A	224
presidency	224
president	224
press	155, 209
the press	155
pressing	126
press conference	155
prestige	098
prestigious	098
prevent	110

prevent A from doing	110, 112
prevention	110
preventive	110
previous	162
previously	140, 162
price	033
priced	033
priceless	033
pricey	033
pride oneself on A	097
primary	089
prime minister	089
prior to A	080
prior to doing	046
privilege	092
privileged	092
probability	120
probable	104, 120
probable candidate	104
probably	104, 120
proceed	054
proceeds	054
process	054
procure	224
procurement	224
produce	072
product	072
production	072
production line	039
productive	072
productivity	072
products	191
profession	120, 188
professional	120, 197
professionally	120
proficiency	096
proficient	096
profit	054
progress	080, 086, 155
progressive	086
prohibit	112
prohibit A from doing	110, 112
prohibition	112
prohibitive	112
project	095, 155
projection	095
projector	095, 155
prolong	044
prominent	220
prominently	220
promise A to do	043
promise to do	043
promising	043
promising candidate	043
promote	042, 080
promote 人 to A	042
promotion	042, 080
promotion to A	042
prompt	100
prompt A to do	100
promptly	100, 164
prone	202
propel	212
propel A into action	212
propeller	212
proper	074, 105, 106, 195
properly	074, 105, 106
property	074, 195
property appraiser	195
proportion	090, 226
proportional	226
proportionate	226
proposal	041, 042, 217
propose	042, 217
prosper	218
prosperity	218
prosperous	218
proudly have	204
prove A	151
prove (to be) A	056
prove to be A	151
provide	038, 050, 122
provide 人+モノ	050
provide モノ for/to 人	050
provide 人 (with) モノ	050
provide A with B	103, 143
provided (that) SV	050
provision	050
proximity	150
public	154
publicly	154
purchase order	157
purpose	089
purposely	092, 150

put A on sale ··191
put off ··062
put up with ······································034

Q

quake ··098
qualification ································088
qualify ··076, 088
quality ··076, 088
quantify ··076
quantity ···076, 088, 105
quarter ···073, 109
question ··209
questionnaire ······························037
quickly ··100
quite ··136, 142
quite a 形容詞 名詞 ······················136
quite a long time ·······················136
quiver ···098
quota ···108

R

raise funds ·································035
range ···090
range from A to B ·····················090
rate ···090, 226
rather ···142
A rather than B ··························168
ratio ··090, 226
reach unanimity ·······················218
ready ··136
real estate ···································195
realm ··210
reasonable ·································033, 104, 114, 200
reasonably ··································142
reasonably priced ····················033
recall ···071
receipt ···049
receive ···016
receiver ··016
recent ··148
recently ··148
reception ····································016
receptionist ·······························016
recipient ······································016
reciprocal ···································198
reciprocate ································198
reciprocation ····························198

recognize ···································194, 205
recognized ·································194
recommendation ····················031
recover ···016, 046
recovery ······································016
recruit ··041, 121, 125
redeemable ······························037
reduce ···016, 210
reduction ·····································016
refer ··133, 186
refer A to B ·································186
refer to A ······································186
reference ·····································031, 186
refresh ··122
refreshments ····························122
refurbish ······································196
refurbishment ··························196
refuse ··192
refuse A ·······································056
regard ··178
regard A as B ····018, 040, 111, 178, 222
regarding ····································121, 178, 185
regards ···178
region ··119
register ···020
registration ································020
registration card ·····················020
registration form ····················020
regress ···086
regression ··································212
regular ··021, 064, 144
regularly ·······································021, 064, 144
regulate ·······································064
regulation ···································064
A reimburse B for C ···············049
reject ··192
reject A ···056
rejection ······································192
reject the offer ·························192
relate ··154
A is related to/with B ············154
relating to A ·······························216
relation ···154
relationship ·······························154
relationship between A and B
···154
relative ··154

Term	Page
relative(s)	154
relatively	154
release	062, 107
reliable	020, 070, 104
reliance	020
reliant	020
relocate	082
relocation	082
rely	020
rely on A	020, 124
remark	086
remark on A	086
remarkable	086
remarkably	110
remedial	080
remedy	080
remit	217
remodel	196
remodeling	196
renew	060
renew a contract	060
renewable	060
renewal	060
renovate	196
renovation	196
repeat	156
repeated	156
repeatedly	156
repetition	156
replace	016
replace A with B	016
replacement	187
reply	044
reply to A	044
report	015, 064, 132
report to A	015
reportedly	132
reporting	064
represent	224
reprimand	214
reputable	070
reputation	070
repute	070
reputed	070
request	018, 034
request that S (should) V (原形)	018
request A to do	018
require	018, 021, 034
required	034, 226
requirement	034
require that SV	186
research and development department	113
reservation	044
resign	088, 159
resign from	210
resign from A	088, 159
resignation	088, 159
resolution	080
resolve	080, 125
respect	102
respectable	102
respectful	102
respective	102
respectively	102
respond	176
respond to A	037, 176
respondent	037
response	176
responsibility	055
rest on A	020
restoration	112
restore	112
restraint	137
restrict	076, 162
restrict A from doing	162
restrict A to B	076, 162
restricted	162
restriction	076, 162
result	050, 133
A result from B	050
A result in B	050
result in	034, 046
résumé	031
retail	057
retail outlet	075
retire	088
retreat	041
return	198
reveal	016
reviewer	112
revise	058
revised version	058

revision	058
rich	084
right away	106
right to do	057
rise	074
rise sharply	160
risk management	065
robust	116, 142
robustly	116
robustness	116
rocket	074
room	106
roomy	024
rough	134
round	074
route	074
routine	074

S

safe	114
safety	114
sales	054
sales assistant	085
sales figures	159
salesclerk	085
San Jose	147
satisfaction	156
satisfactorily	156
satisfactory	156
satisfied	156, 190
satisfy	024, 156, 190
satisfy the expectation	046
satisfying	156
schedule	066
Sci-Fi	063
scold	214
secret	043, 150
secretary	065
secretly	150
section manger	017
sector	073
secure	114
security	114
see A as B	018, 040, 222
segment	226
select	134
selection	134

selective	134
selectively	134
seminar	013
send	082
sense	113
sensitive	043, 113
separate	138
sequence	220
session	047
set aside A for B	106
set up	149
several customers	017
several of the customers	017
severe	134, 220
severe criticism	134
severe weather	134
share	092
shareholder	213
shares	213
sharp	160, 164
sharp criticism	134
sharply	160
ship	082
shipment	082
shiver	098
short	144, 146
shortage of A	203
shortly	071, 146
shortly after A	106
Should S V	193
show a presence	135
show up	052, 056
showcase	204
shuttle service	053
sign	040, 110, 213
sign up	020
signature	110
significance	110
significant	065, 108, 110, 122
significantly	110, 122
signify	110
simultaneously	095
since	077, 170
sincere apology	088
situation	211
sizable	126
size	126

Term	Page
skill	123
skilled	096, 194
slide	074
slip	074
slump	074
smoothly	187
snow blower	189
so far	155
soar	074
social media	137
social networking site	181
solicit	018, 204
solicitation	204
solution	080
solution to A	080
solve	080, 125
soon	015, 071, 106, 146
soon after A	106
space	106
spacious	024, 106
spacious room	106
specialize in A	061
specific	152
specifically	152
specification	152
specify	152
speculate	060
speculation	060
sports facilities	078
stable	152
staff	049, 079
staff member	049
stand	034
start	062, 152
start doing	133
start to do	133
state	211
steadily	152
steady	152
stem from	050
stern	220
still have not done	136
stipulate	081
stipulation	081
stock	213
stock market	213
stockholder	213
stop A from doing	110
store manager	057
strategic	162
strategically	162
strategy	162, 169
stream	212
streaming	212
streamline	212
strength	084
strengthen	043
strict	162, 220
strictly	162
strike	128
striking	128
strikingly	110, 128
stringent	220
stringent measure	220
strong	084, 116, 142
strongly	116
structural	158
structurally	158
structure	158
struggle	066
struggle to do	066
sturdily	116, 142
sturdy	116, 142
submit	031, 217
submit A	056
subscribe	196
subscriber to A	143, 196
subscribe to A	196
subscription	059
subscription to A	196
subsequent	220
subsequently	220
substance	108, 201
substantial	065, 108, 110, 122
substantial growth	108
substantially	108, 122
suburban	173
suburbs	173
succeed	102, 218
succeed in A	102
succeed to A	102
succeed in A	153
success	102, 153
successful	102, 153

succession	102
successive	102
suffice	212
sufficiency	212
sufficient	148, 187, 212
sufficiently	148, 212
suggest	042, 217
suggestion	041, 042, 217
suit	142
suitable	074, 106, 142
suitably	142
supervise	108, 196
supervision	108, 196
supervisor	095, 196
supplement	103, 122
supplementary	122
supply	050, 122, 203
supply A with B	103
supply room	103
suppose	214
suppose that	050
sure	092, 150
Sure!	092, 178
surely	092
surge	074
surgeon	105
surgery	105
surroundings	211
survey	037
survey form	037
suspect	102
suspicious	102

T

tablet	181
take	056
take A into account	058
take A into consideration	058
take an inventory of A	192
take 人 around	056
take off	056
take on	214
take on A	056
take out A	056
take over A	102
take part	022
take part in A	017, 022, 141

take place	163
take pride in A	097
talent	138
talk	186
talk about A	186
talk of A	186
talk to A	186
talk with A	186
targeted marketing	181
telecommuting	185
temper	215
temperament	215
temperate	215
temperature	215
temporary	124
tenacious	024
tend to do	132
tentative	124
tenure	024
term	180
thanks to A	181
the number of 複数名詞	076
the way	222
the way that SV	055
therefore	174
these 〜months	159
these days	148
think A (to be) B	018
think of A as B	018, 040, 111, 222
this coming ＋曜日	163
thorough	140
thorough analysis	140
thoroughly	140
though	168, 170
thoughtful	134
thoughtfully	134
thrive	218
through	140, 222
throughout	172, 222
throughout the country	222
thus	174
thus far	155
tight	023
tight schedule	023
till	079, 168
tip	070

to some extent	200
tolerate	034
total	076
totally	076
total of A, a	076
tour	052, 147
tourist	147
trade	131
trade fair	142
trading company	131
traditional	118
train	038
trainee	013, 038
trainer	013, 038
training	038
training session	017, 061
transfer	082
transfer A to B	133
transform A into B	222
transit	188
transition	188
transitional	188
transitional management	188
transitional measure	188
travel abroad	131
treat A as B	222
tremble	098
tremendous	098, 134
tremendously	098
trip	052
trust	020
tumble	074
turn	056
turn A into B	222
turn down A	056
turn in A	056
turn out	149
turn out A	151
turn out (to be) A	056
turn out to be A	151
turn over A	056
turnout	056, 149
turnover	054, 056
turn up	056

U

unanimity	218
unanimous	218
unanimously	218
uncover	016
undeniable	148
undeniably	148
under the supervision of A	196
understand	124
undertake A	056
undoubtedly	092
unfair	142
unfairly	142
unfortunate	140
unfortunately	140
unload	058
unoccupied	210
unofficial	154
unofficially	154
unquestionable	148
unsteady	152
unsuitable	142
until	115, 168
until A	079
until after A	115
unveil	016
up to date	026
up to now	155
upcoming	117
upper	210
upgrade	077
urge A to do	017
useful	102, 151
usual	028
utterly	140

V

vacant	210
vacate	210
vacation	210
vacuum	210
vague	138
valid	120
validate	120
validated	120
validity	120
valuable	033, 110
valuables	110
value	110, 196

value A at B	052, 196
varied	124
variety	124, 160
various	124, 160
vary	055, 124
vast	098, 134
vending machine	202
venture	091
venue	177
verification	100
verify	100
verify one's identity	100
versatile	202
versatile facility	202
versatilely	202
versatile writer	202
versatility	202
very	136
via	222
via A	127
via e-mail	222
viability	128
viable	128
view	119
view A as B	018, 040, 222
visitor	153
vocal	188
vocation	120, 188
vocational	188
vocational training	188
voice	188
volume	024
voluntarily	118
voluntary	118
volunteer	118
voucher	037

W

waive	038
waive a delivery fee	038
waiver	038
warn	214
warrant	078
warranty	078
way	086, 127
wealth	084
wealthy	084

webinar	227
weld	051
well	136
well into the night	222
when	222
when it comes to doing	046
whereas	170, 174
whether A or B	168
while	170, 174
wholesale	057
wide	084, 131, 132
widely	132
widely accepted	132
widely received	132
widely used	132
width	084, 132
with a view to doing	046
with regard to	121, 178
within	182
without	026, 168
without (a) doubt	026
without exception	026
wonder	170
work for A	083
workshop	141
world	171
write	064
written agreement	140

Y

yet	136

著者紹介　森田鉄也（もりた・てつや）

東進ハイスクール、河合塾、TOEIC 専門校エッセンス イングリッシュ スクール講師。慶應義塾大学文学部英米文学専攻卒業、東京大学大学院人文社会系研究科言語学修士課程修了。アメリカ留学中に英語勉強法 TEFL を取得。TOEIC® テスト 990 点、TOEIC® スピーキングテスト 200 点、TOEIC® ライティングテスト 200 点（4 技能合計 1390 点）。国連英検特 A 級、英検 1 級、TOEFL660 点、ケンブリッジ英検 CPE 取得、日本語教育能力検定試験合格。通訳案内士。著書に『新 TOEIC® TEST 単語特急 2 語彙力倍増編』（小社）、共著書に『TOEIC® TEST 模試特急 新形式対策』（小社）『10 分 ×10 回 ×10 日間 TOEIC® TEST ミニ模試トリプル 10』（スリーエーネットワーク）など多数ある。

TOEIC® TEST 単語特急
新形式対策

2016 年 9 月 30 日　第 1 刷発行
2017 年 2 月 20 日　第 2 刷発行

著　者	森田 鉄也
発行者	友澤 和子
装　丁	川原田 良一
本文デザイン	コントヨコ
イラスト	cawa-j ☆かわじ
印刷所	大日本印刷株式会社
発行所	朝日新聞出版

〒 104-8011　東京都中央区築地 5-3-2
電話 03-5541-8814（編集）　03-5540-7793（販売）
© 2016 Tetsuya Morita
Published in Japan by Asahi Shimbun Publications Inc.
ISBN 978-4-02-331536-5
定価はカバーに表示してあります。
落丁・乱丁の場合は弊社業務部（電話 03-5540-7800）へご連絡ください。
送料弊社負担にてお取り替えいたします。